메타버스 시티

메타버스 캔버스에 그리는 도시이야기

메타버스 시티

METAVERSE CITY

심재국 지음

매일경제신문사

도시화는 오랜 기간 인류 문명의 발전을 견인해왔으나, 이제 한계 상황에 직면했다. 주택과 도로, 상하수도, 전기 등 도시 인프라는 물리적인 한계에 이르렀고, 온실가스와 오염물질로 인한 기후변화 역시 감당하기 어려운 상황에 처했다. 설상가상으로 2년 넘게 이어진 'COVID-19'는 밀집의 혜택을 누려온 도시인에게 커다란 타격을 주고 있다. 다양한 도시문제는 도시의 경쟁력을 하락시키고, 지속가능성을 저해하는 위협요인으로 지목된다.

그러나 많은 사람이 지금의 위기를 도시의 지속가능성을 높이는 새로운 기회라고 지적한다. 현재의 문제를 해결하고, 더 역동적인 도시를 만드는 해답을 찾아야 한나는 목소리도 커지고 있다. 저자는 그 해답이 디지털 세상, 메타버스에 있다고 이야기한다. 우리는 이미 디지털 문명 속에 살고 있고, 디지털 세상은 지역적 차별이 없는 공평한 공간이라는 것이다.

저자는 디지털을 활용해 인간의 삶을 개선하는 도시, 스마트 시티의 구현을 역설한다. 데이터를 기반으로 도시의 모든 시설이 유기적으로 연결되어 정보를 주고받는 도시, 디지털을 활용해 더 나은 공공 서비스와 재난

관리로 지속가능성을 높이는 도시, 현실과 가상이 연동해 현실 도시를 더욱 풍요롭게 하는 지속가능한 스마트 시티에 답이 있다고 주장한다.

이 책의 출간에 앞서 미리 읽을 기회를 갖게 된 나는 원고를 보며 생각난 어른이 있었다. 바로 작년 1월 타계하신 KCC의 고(故) 정상영 명예회장님이다.

정 회장님은 기업이 사회와 국가에 기여해야 한다는 지론을 가지고 63년을 성실히 일하신 분이다. 도시문제에도 남다른 관심과 식견을 가지고 계셔서 국내외에 공장 30여 개를 직접 지으셨다. 특히 국내공장은 전국에 골고루 배치했는데, 공장 인근에는 어김없이 직원들을 위한 사택을 지었다. 공장 지붕에는 태양광을 설치했고, 지하수를 개발해 물 부족에도 대비했다. 균형 있는 국가발전, 기후변화 대응, 인재의 중요성, 기술보국 등을 평소 입버릇처럼 말씀하시고 그대로 실천하신 분이다.

나는 가끔 정 회장님께 인사차 들르곤 했는데, 회장님의 탁자 위에는 늘 여러 장의 도면이 놓여 있었다. 그리고, 그 자리에는 어김없이 저자가 함께 있었다. 이 책은 고(故) 정상영 회장님의 정신과 저자의 전문지식의 결정체이다. 이것이 합쳐져 메타버스라는 디지털 가상 공간에 훌륭한 미래 도시가 그려진 셈이다. 미래의 도시가 어떻게 변할 것인지, 어떻게 변해야 하는지 관심이 있는 분들에게 이 책의 일독을 권한다.

이병규. 문화일보 회장

코로나19 팬데믹은 우리 삶의 형태를 바꿔놓았고, 기후위기는 생태계를 회복불능상태로 몰아넣고 있다. 도시의 양극화와 불평등은 심화되고 있고, 지방소멸은 이미 우리 앞에 현실이 되었다.

우리가 원하지도, 기획하지도 않았지만, 이 모든 것은 먼 미래의 이야기가 아닌 지금 우리의 문제이다. 디지털 기반의 4차 산업혁명이 순기능을 발휘해, 인류가 처한 역경에 맞설 수 있도록 모두가 머리를 맞댈 시기이다.

나는 이 책에서 인류의 미래에 대해 작은 희망을 발견한다. 이 책에서 제시하는 대안들은 가장 혁신적이고 진보적이다. 보다 많은 사람들이 '메타버스 시티'로의 여행에 동참하기를 권해본다.

이수호. 전태일이소선 장학재단 이사장, 전 신일고 교사

● ● ●

기후위기와 양극화는 오늘날 도시가 해결해야 할 숙제이다. 도시화는 기후변화를 일으켰고, 기후변화로 코로나19가 발생했다. 양극화와 도시적 소외는 공동체 파괴가 원인이다.

이 책에서는 문제와 해답은 늘 같은 공간에 존재한다고 한다. 도시라는 공존의 공간. 메타버스는 더 확장된 디지털 공간이다. 현실 도시에서의 문제를 디지털 가상 도시에서 해결하고, 이것을 다시 현실 세계에

반영하는 메타버스 기술은, 도시에서 우리의 삶이 더욱 편리하고 쾌적하게 해줄 것이다.

메타버스와 디지털 대전환의 시대, 갈등과 결핍을 극복할 다양한 담론이 요구되는 시대에 쾌적하고 지속가능한 도시를 만들고자 하는, 이같이 좋은 서적들이 많이 출간되기를 희망한다.

최수종. 배우, 한국연기자협회 이사장

● ● ●

도시는 인간의 삶을 담는 그릇이다. 도시는 산업혁명, 각종 전염병 등 역사적인 변곡점을 거치면서 성장을 이루어왔다. 환경파괴와 기후변화, 불평등과 양극화의 위기 앞에 있는 도시들은, 코로나와 디지털 전환이라는 새롭고 거대한 변화를 맞이하고 있다. 우리 앞에 성큼 다가온 메타버스가, 어떤 방법으로 이렇게 다양한 도시문제를 해결하고, 미래 세대에게 지속가능한 도시를 선물해줄 수 있을까?

이 책에는 도시문제에 있어서의 최근의 트렌드가 반영되어 있다. 학술적이고 실무적인 내용이 방대하게 담겨 있지만 알기 쉽게 잘 정리되어 있다. 메타버스 세상에서 우리의 삶이 어떻게 변할지 궁금한 분들에게 권해주고 싶은 책이다.

김호철. 단국대 도시 및 부동산학과 교수

내가 처음 거대 도시 서울을 만난 것은 1970년대 초였다. 그즈음은 생계를 위해 수많은 사람들이 서울로 몰려들던 시기였다. 끊임없는 상경의 행렬로 서울은 감당하기 힘들 정도의 급속한 도시화가 진행되었고, 그 성장과 변화의 변곡점에 우리 가족도 승부수를 던진 것이다.

서울에서의 내 성장기는 다른 사람들과 별반 다르지 않았다. 버릇이 생겼다면 하늘을 바라보는 것이었다. 서울의 하늘은 전에 알던 푸르고 청명한 하늘이 아니었다. 하늘은 회색빛이었다. 어린 시절 주택가 골목 전봇대 사이로 보이는 하늘도, 더 자라 버스차창으로 보이는 서울 하늘도 변함없이 회색빛이었다.

나이를 먹으면서 회색빛을 띤 것은 서울의 하늘뿐이 아님을 알았다. 서울이라는 거대 도시에 사는 사람들, 그리고 그들의 표정과 투영된 삶도 모두 같은 회색빛이있다.

도시는 인류가 만든 가장 위대한 발명품이다

인류는 도시화로 번영과 행복을 누려왔다. 집적의 효과, 기반시설과 인프라의 공유 등 사람들은 도시에 모여 살면서 투자한 것보다 훨씬 더 많은 혜택을 누려왔다. 그러나 도시가 고밀화, 광역화되면서 환경파괴와 자원부족, 인구과잉과 양극화 등 도시문제의 발생은 필연적이었다.

녹지 훼손으로 포장면적이 늘어나면서 도시 홍수와 열섬 현상이 생겼다. 교외화로 인한 교통량 증가는 사회적인 비용을 증가시키고 환경오염의 원인이 되었다.

도시화는 양극화와 불평등을 야기했다. 부동산의 폭등은 중산층을 도시 외곽으로 밀어내었고, 젠트리피케이션으로 원주민이 터전을 잃었다. 지역 불균형은 더욱 커졌다. 젊은 인재를 수도권에 빼앗긴 지방 도시들은 급속히 노령화되었고, 탈산업화로 제조업이 쇠퇴한 도시에서는 지역공동체 붕괴, 세수 감소, 공공 서비스 약화 등 도시 축소 현상이 가속화되었다. 이렇게 도시 축소가 진행되는데도 지방 도시들은 장밋빛 인구전망을 제시하고 있다. 계획인구의 증가는 불필요한 인프라 투자와 도시 외곽에 신도시 건설을 부르고, 이는 구도심의 공동화로 이어져 결국 도시 전체가 쇠퇴하는 최악의 상황에 직면하게 될 것이다.

도시는 혁신 성장의 강력한 엔진이다. 물론, 도시의 성장 과정에서 발생하는 환경파괴와 불평등, 양극화는 불가피한 부분일 수 있다. 그러나 최근의 도시문제는 도시의 성장엔진을 멈출 수 있을 정도로 크고 위험한 수준이다.

세상은 코로나 이전과 이후로 구분될 것이다

퓰리처상을 수상한 칼럼리스트 토머스 프리드먼(Thomas Friedman)은 〈뉴욕타임즈〉에 기고한 글에서, "세상은 코로나 팬데믹 이전의

B.C(Before Corona)와 이후의 A.C(After Corona)로 구분될 것이다"라고 했다. 이미 사람들의 일상과 사회시스템이 되돌리기 어려울 정도로 변화했고, 그 변화가 구조적으로 정착되어 코로나가 종식되더라도 우리의 삶이 코로나 이전으로 돌아가기 어려울 것이라는 말이다.

코로나 팬데믹은 더디게 진행되던 디지털 전환(Digital Transformation)을 가속화시켰다. 정보통신기술(ICT)이 비대면 문화와 결합해 재택근무, 리모트 워크(Remote Work), 메타버스 가상오피스 등 스마트 워크(Smart Work) 시대를 앞당겼고, 근린 생활권의 중요성을 부각시켰다. 근린 생활권의 활성화는 도보로 이용 가능한 생활 인프라 거점의 가치를 높이고, 구독 경제(Subscription Economy)의 활성화를 이끌었다. 또, 당근마켓과 같이 동네 생활권 맞춤형 하이퍼로컬(Hyperlocal) 서비스 이용자를 증가시키기도 했다. 코로나 팬데믹은 집의 기능과 가치를 중요하게 여기는 요인이 되었다. 집의 기능이 단순히 거주와 휴식의 공간에서 사무, 오락, 교육, 헬스케어 등 다양화되면서 집의 기본역할에서 새로운 기능을 레이어처럼 추가하는 '레이어드 홈(Layered Home)' 현상이 생겨났다.

온라인 서비스의 활성화로 대형 상업시설 등 오프라인 시설물의 기능변화와 도심 시설의 용도재편이 요구된다. 직주근접의 활성화로 도심에도 스마트 공장, 공유오피스, 청년주택, 공유주택, 헬스케어센터 등 다양한 용도의 시설물을 복합적으로 수용할 수 있는 공간 수요가 증가했기 때문이다.

물류 서비스는 모빌리티 중심으로,
모빌리티는 사람 중심으로

디지털 전환과 비대면의 일상화로 이커머스와 새로운 물류 서비스가 성장하면서 도심 내 대형 상업시설의 오프라인 매장이 물류 센터로 대체되고 있다. 서비스와 소비자가 만나는 최종단계인 라스트 마일(Last Mile) 서비스가 활성화되었고, 온라인 배송의 전초기지로 도심형 물류 기지인 다크 스토어(Dark Store)가 증가했다. 또, 고객의 요청에 따라 물류의 전 과정을 처리해주는 일괄대행 서비스인 풀필먼트(Fulfillment)의 성장세도 눈에 띈다. 배송시스템도 진화하고 있다. 자동화 드론이나 자율주행 트럭이 운영되고 자율주행 지하물류터널도 개발되고 있다.

물류 서비스가 배달원 중심에서 모빌리티 중심으로 변화하는 반면, 이동을 위한 모빌리티 환경은 차량 중심에서 사람 중심으로 바뀌고 있다. UAM(Urban Air Mobility), 자율주행차, PM(Personal Mobility) 등은 사람 중심의 신개념 모빌리티이다. 또, 다양한 이동수단에 대한 정보를 통합해 시민에게 최적의 루트를 제공하는 공유·환승형 모빌리티 서비스의 활성화가 진행되고 있다. 이러한 모빌리티 생태계의 최적화는 도시 공간의 변화를 요구한다. 도로와 주차장 면적 감소, 새로운 모빌리티를 위한 공간 등이 그것이다.

메타버스(Metaverse), 새롭고 강력한 플랫폼

메타버스(Metaverse)는 가상(Meta)과 세계(Universe)의 합성어이다. '현실을 디지털 기반의 가상 세계로 확장해 가상 공간에서 자신의 분신인 아바타를 통해 활동하게 하는 미래 기술'이다. 게임이나 엔터테인먼트 시장에서 벗어나지 못할 것이라는 예상을 뒤엎고 메타버스는 생활과 관광, 문화예술, 교육, 의료, 제조, 도시 등 거의 모든 분야에서 새로운 플랫폼으로 자리 잡고 있다.

메타버스는 도시 발전에도 많은 기여를 한다. 최근 도시와 관련된 대표적인 메타버스 기술은 디지털 트윈(Digital Twin)이다. 가상 공간에 현실 도시의 쌍둥이를 만들고 현실 도시에서 발생할 수 있는 상황을 예측하는 기술인데, 가상 공간에서 얻은 결과는 다시 현실 도시에 적용해서 개선하는 방식이다.

메타버스는 다양한 도시문제 해결과 더불어 지역의 균형 발전에도 중요하다. 시공간이 무제한으로 열려 있는 메타버스를 통해 우리는 어디서든 일할 수 있고, 어디든 갈 수 있는 환경에 살고 있기 때문이다.

이와 같이 메타버스는 공연과 전시, 가상오피스, 공공 서비스 등 산업 전 분야에서 다양하게 활용되고 있는 새롭고 강력한 플랫폼이다.

메타버스에 그려갈 미래 도시

디지털 트윈을 포함한 메타버스 기술을 활용해, 우리는 지속가능한 미래 도시를 계획하고 운영할 수 있다. 글로벌 대도시권과의 싸움에서 경쟁력 있는 미래 도시는 메가시티(Megacity)이다. 메가시티는 '거점 도시를 중심으로 일일생활이 가능하도록 연결된 대도시권'을 뜻한다. 메가시티는 수도권 집중으로 인한 지방소멸의 위기에서 수도권과 견줄 만한 거대도시권을 만듦으로써, 지역균형발전에 기여할 수 있는 유익한 대안이다.

쇠퇴한 도시의 재생을 위한 방안으로는 스마트 축소(Shrinking-smart)가 있다. 스마트 축소는 인구와 건물, 토지 사용을 최소화하고 개발을 줄이면서, 주민의 삶의 질을 향상시키는 전략이다. 개별 도시의 특성에 맞춰 토지를 집약적으로 이용하면서, 도시 내 기존 시설들을 기능적으로 연결하고, 잔여 공간을 녹지화해 주민에게 돌려주는 저성장 시대에 필요한 도시재생 방법이다.

도시의 무분별한 확장과 도심공동화는 콤팩트 시티(Compact City)로 해소할 수 있다. 도심은 고밀·압축개발하고, 교외 지역의 개발을 억제하는 방식인데, 직주근접을 요구하는 최근 상황에 적합하다.

콤팩트 시티의 성공을 위해서는 하나의 단지 내에 주거와 상업, 업무와 문화, 교육시설 등을 복합적으로 배치하는 복합용도개발(MXD, Mixed-use Development)이 필요하다. 복합용도개발은 도심지를 집약적으로 개발해 경제 활성화를 도모할 뿐 아니라, 도보생활권 내에 상업, 주거, 업무시설은 물론, 자연공원 등 각종 인프라를 배치함으로써 출퇴근으로 인한 에너지 낭비, 탄소 배출을 줄이는 장점도 있다.

기후변화에 대응해 도시생태기능의 회복이 필요하다. 도시 내 공원과 녹지를 네트워크화하고, 비포장면적을 증가시킴으로써 회복탄력성을 높이는 것이 중요하다.

최근, 포화상태에 있는 지상을 대신해 지하 공간의 중요성이 증대되고 있다. 지하 공간의 개발은 지하상가, 도시철도와 환승센터, 개별 건물 간 지하층 연결 등 지속적으로 발전하고 있는데, 최근에는 도시계획적 측면에서 연구되고 있다. 지하 공간은 단열, 방음, 항온과 항습 등 다양한 장점을 가지고 있으며, 지하 공간 개발로 확보된 지상 공간은 녹지로 되살릴 수 있는 블루오션 전략이다.

다양한 유형의 전자 데이터 수집센서를 활용해 도시문제를 해결하고 시민의 거주적합성을 향상시키는 지속가능한 도시를 스마트 시티라고 한다. 스마트 시티는 첨단 기술을 활용한 도시문제 해결과 더불어, 미래 산업 수요를 창출하는 플랫폼으로서의 역할도 한다. 스마트 시티가 구현되면 실시간으로 제공되는 정보와 최적화된 인프라를 통해 이동거리가 줄어들고, 거주지에서의 다양한 활동이 가능해져서 탄소 배출을 줄일 수 있다. 스마트 시티에 대한 인간의 상상력은 미래 핵심 플랫폼인 메타버스와 디지털 트윈을 통해 구현될 수 있다.

모두가 행복한 도시의 조건

일자리와 근무환경에 민감한 젊은 인재들은 지방 육성정책에도 불구하고 수도권으로 이동하고 있다. 메타버스 플랫폼은 안정적인 클라우드 컴퓨팅 환경을 요구하며, 고용량의 데이터를 초고속으로 연결할 수 있는 환경은 강남, 판교 등 수도권에 집중되어 있다. 그래서 청년인 재의 수도권 집중은 당연하다 할 수 있다. 그러나 메타버스는 지방 도 시의 부활에도 유익한 플랫폼이다. 메타버스에서 시공간은 무제한으로 열려 있으며, 스마트 워크의 활성화로 어디서든 일할 수 있는 환경이 되었기 때문이다. 지방 도시들도 메타버스 환경 조성에 역량을 집중하 고 있다. 수도권과 견줄 만한 메가시티도 가시화되고 있다. 메가시티의 조성에 메타버스의 활용은 필수적이어야 한다. 메타버스는 지역균형발 전을 이룰 핵심기술이다.

우리는 지금 대변혁의 변곡점에 서 있다. 환경위기 시계는 인류파멸 의 시각으로 치닫고 있으며, 지역 간 불균형과 도시의 양극화도 임계 치에 이르렀다. 디지털 전환은 사람들의 일상을 바꾸고, 도시도 새로 운 공간을 요구하고 있다. 다양한 도시문제를 해결하고 지속가능한 미 래 도시를 만들어 나가기 위해서는 새로운 환경과 기술이 필요하다. 이 제 우리는 미래의 핵심플랫폼 메타버스 위에 미래 도시를 그려야 한다. 2차원의 좌표를 버리고, 3차원의 공간 정보(Geospatial Information)를 구 축해야 한다. 디지털 트윈으로 도시를 설계하고, 사물인터넷(IoT), 인공 지능(AI), 자율주행, 드론, 가상현실(VR), 증강현실(AR) 등 첨단 기술을 결합해 시민이 행복하고 지속가능한 스마트 시티, 우리가 꿈꾸는 미래 도시를 만들어야 한다.

자, 이제부터 메타버스란 거대한 캔버스에 우리가 원하는 스마트 시 티를 그려보도록 하자.

METAVERSE

위기의 도시,
환경·인구·불평등

과학기술의 발달과 인구집중으로 거대 도시가 탄생했다.
거대 도시는 인구과잉, 환경파괴, 양극화 등 여러 문제를 안고 있다.

교외화는 녹지훼손, 생물다양성 감소, 홍수와 대기오염의 원인이다.
과밀화는 도시 열섬, 다량의 폐기물 발생과 전염병을 확산시킨다.
도시는 점점 더 뜨거워지고 있다.

도시의 위기는 기후변화뿐만이 아니다.
도시화로 인한 양극화와 불평등도 한계에 이르렀다.

수도권으로의 인구집중으로 지방 도시는 소멸 위기에 있다.
급격한 부동산 상승은 창조인재의 도시 진입을 막았고,
젠트리피케이션은 원주민과 함께 독특한 골목의 정체성도 밀어내었다.

도시는 혁신 성장의 원동력이다.
성장의 과정 속에 불평등은 불가피한 부분이 있다.
그러나, 지금의 환경문제와 양극화는 한계에 이르렀다.

기후위기와 양극화,
도시의 새로운 성장을 위해서 반드시 풀어야 할 우리들의 숙제이다.

1

인류파멸의 시각,
환경위기시계

◇ **2021년 대한민국의 환경위기 시각은 9시 38분이다**

환경위기시계는 1992년부터 전 세계 100여 개 국가에서 선발된 환경전문가들이 환경과 인류생존에 관한 9개의 항목을 평가해 발표하는 환경오염지표이다. 기후변화, 생물다양성, 토양변화, 화학물질, 수자원, 인구, 식량, 소비습관, 환경정책의 9개 항목이 평가지표이다.

출처 : 환경재단

환경위기시계는 그 시각에 따라 0~3시는 양호, 3~6시는 불안, 6~9시는 심각, 9~12시는 위험 수준을 가리킨다. 12시가 되면 지구환경은 파멸에 이른다는 의미이니 우리나라의 환경위기는 위험한 상황이라 할 수 있다.

우리나라의 환경재단과 일본의 아사히글라스재단이 2021년 9월 8일 발표한 제30회 '환경문제 및 인류의 생존에 관한 설문'에 따르면, 2021년 우리나라 환경위기 시각은 9시 38분이며, 글로벌 환경위기 시각은 이보다 4분 늦은 9시 42분이다.

⬡ 기후변화와 환경위기는 도시화에 영향이 있다

〈글로벌 지속가능발전보고서〉(UN, 2019)에 따르면 전 세계 탄소 배출량의 75%가 도시에서 발생된다고 한다. 전체 면적의 2%에 불과한 도시에 경제활동과 에너지 소비, 탄소 배출이 집중되어 있다는 의미이다. 또, 학술지인 〈지속가능한 도시 프런티어스〉(Frontiers. 2021년 7월)에서 세계 167개 도시를 선정해 온실가스 배출실태를 조사했는데, 상하이, 도쿄, 모스크바, 이스탄불 등 상위 25개 도시(15%)에서 배출한 온실가스가 전 세계 배출량의 52%를 차지했다고 발표했다. 도시가 온실가스 배출과 지구촌 환경위기의 주범이라는 것이다. 도시화로 발전을 이룬 인류가 도시화로 인해 심각한 생존의 위기를 맞이하고 있다는 것을 극명하게 보여준다.

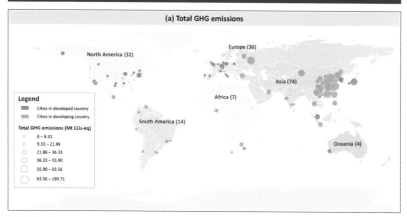

대규모 탄소 배출 도시

전 세계 도시 중 상위 25개 도시에서 배출한 온실가스가 전체 배출량의 52%를 차지하는 것으로 나타났다.

출처 : 〈Frontiers in Sustainable Cities〉

　과학기술의 발달과 도시로의 인구집중은 도시를 거대하게 만들었다. 엘리베이터와 철근콘크리트 발명은 도시를 고층·고밀화시켰고, 철도와 도로, 승용차 등 교통수단의 발달은 도시의 외연을 확대하는 데 기여했다. 이렇게 고밀화·광역화하는 과정에서 인구과잉, 환경파괴와 자원부족, 생물다양성 감소 등 다양한 도시 환경문제가 발생되었다.

　도시화로 인한 녹지 훼손으로 포장면적이 늘어나면서 지표면의 빗물 흡수 능력이 떨어져 도시 홍수가 잦아지고 있다. 녹지면적의 감소로 야생서식지가 줄었고, 서식지 유실과 오폐수, 외래종의 등장으로 생물다양성이 감소하고 있다. 도시화로 인한 기후변화와 생물다양성 파괴 등 생태계 질서 교란은 코로나와 같은 팬데믹의 원인이 된다. 교외화로 인한 통행거리 증가로 에너지가 낭비되고, 자동차 배기가스 발생은 대기오염의 원인이 되었다. 도시의 고층건물은 바람길을 막아 도시 열섬 현상을 일으켰고, 폐수는 토양과 수자원을 오염시켰다. 도시에서 발생하는 폐기물과 1회용 플라스틱용품은 지구 전체를 오염시키고 있다. 이렇게 다양한 환경문제는 대부분 급속한 도시화와 인구과잉으로 인한 에너지 고갈, 환경파괴에 그 원인이 있다.

⬡ 해결방안도 도시에 있다

'지구의 날' 50주년을 맞이해 출간된 《2050 거주불능지구》는 '한계치를 넘어 종말로 치닫는 21세기 기후재난 시나리오'라는 부제에서 짐작할 수 있듯이, 지구온난화를 환경운동가의 담론으로 치부하기에는 너무나 심각한 수준이라고 역설한다. 현재 수준으로 도시화와 기온상승이 지속된다면 2050년에는 여름철 평균기온이 35도 이상 되는 도시가 현재 354개에서 970개로 증가할 것이라고 예측했다. 서울시 7월의 평균기온(1991~2020년)이 24.5도이니 35도는 어느 정도 수준인지 짐작할 수 있다. 책에서는 탄소 배출량이 현재처럼 유지된다면 세계 기온이 1.5도 상승할 것이라고 예측하며, 최대 2도의 상승을 막아내지 못한다면 빙하의 붕괴, 폭염, 홍수와 가뭄 등 극단적인 기후 재앙으로 2050년의 지구는 인류가 생존할 수 없을 정도로 파멸하게 될 것이라고 전망했다.

그동안 인류는 환경위기를 인식하고, 보다 친환경적인 방향으로 행동양식을 바꾸려는 노력을 해왔다. 우리나라에서도 마찬가지이다. 도시 내 환경문제를 해결하기 위해 '에코 도시', '저탄소 녹색 도시', '탄

메타버스 시티

소 제로 도시' 등 다양한 연구와 노력을 진행해왔으나 만족할 만한 점수를 받지 못했다. 우리는 앞으로 어떻게 환경문제를 해결하고 지속가능한 도시를 만들어가야 할까?

에드워드 글레이저(Edward Glaeser)는 도시의 성공을 위해서는 도심 내부를 더욱 밀도 있게 개발하고 외곽으로의 확산을 방지해야 한다고 주장한다. 그는 저서 《도시의 승리》에서 "세계는 평평하지만 도시는 더 높아져야 한다. 도심에 대한 각종 규제와 보존 정책은 도시의 개발을 가로막아 도시의 확산현상인 스프롤을 심화시킨다. 도시의 개발보다 교외로의 이주가 더 심각한 환경파괴의 원인이다"라고 했다. 외곽으로 도로가 뚫리고 자동차가 보급되면서 도시는 무분별하게 확산되었다. 사람들은 도시 외곽이 친환경적이라고 생각하고 외곽의 녹지를 훼손하고 전원주택을 지었다. 글레이저는 전원주택보다 도시 내 아파트가 훨씬 더 친환경적이라 주장한다. 전원주택의 냉·난방비는 도시보다 훨씬 비싸고, 도심까지의 출퇴근을 위해 시간과 에너지가 낭비되기 때문이다. 좁은 면적에 밀집해 있고, 이동의 필요도 없는 도시가 외곽 주거지보다 훨씬 친환경적 시스템이라는 것이다.

◇ 직주근접 생활권 강화는 도시환경을 개선시킨다

코로나 팬데믹과 디지털 전환으로 도보생활권이 중요해지고, 직장과 주거지를 생활권 내에 두는 직주근접이 중요시되고 있다. 도보생활권

의 정착을 위해서는 도심 압축개발과 용도지역의 혼합배치, 도시 외곽
개발의 억제가 필요하다. 생활권 활성화는 대중교통, 녹색교통의 이용
으로 인해 탄소 배출을 감소시키는 데 기여할 것이다.

도시 공원과 숲은 도시의 생태계를 건전하게 한다. 생태계 복원을 위
한 녹지의 연계성 확보를 위해서는 하천부지를 이용한 선형공원과 자
연림, 기존 공원을 연결하는 녹지네트워크화가 필요하다. 녹지네트워
크는 도보생활권을 강화시켜 탄소 배출을 줄이고, 비포장면적의 증가
로 빗물의 관리가 가능해 도시의 생태기능을 회복할 수 있다.

도시의 대형건축물은 바람의 통행로를 막아 도시의 열섬, 스모그 등
의 원인이 된다. 도시 외곽의 맑은 공기가 도시로 들어오는 길을 만들
어주어야 한다. 바람길을 타고 들어온 맑은 공기는 도시의 열기와 오염
물질을 내보내어 도심부의 열섬 현상과 스모그를 완화시키는 역할을
할 수 있다.

◈ 환경위기시계,
도시공동체의 노력으로 되돌릴 수 있다

환경위기시계를 되돌리려는 노력의 일환으로 진행되고 있는 것이
'탄소 발자국 지우기' 운동이다. 탄소 발자국(Carbon Footprint)이란 우리
가 일상생활에서 사용하는 제품의 원료, 만드는 과정, 사용하고 버려지
는 과정에 이르기까지 모든 과정에서 발생하는 이산화탄소(CO_2) 배출
량을 수치로 환산한 것이다.

개인이 일상생활에서 탄소 배출량을 줄이는 것은 의외로 어렵지 않다.

출처 : 대한민국 정책브리핑 www.korea.kr

　표시 단위는 우리가 심어야 하는 나무 그루 수로 표시하기도 하고 CO_2 발생량으로 환산한 탄소 발자국의 양을 뜻하는 킬로그램(kg)을 사용하기도 한다. 나무 그루 수는 발생한 이산화탄소를 제거할 수 있는 수량을 뜻한다. 예를 들어 한 달간 사용한 휘발유 연료비가 15만 원이었다면, CO_2 발생량으로 환산한 탄소 발자국은 176.3kg이며, 해당 탄소 배출량을 없애기 위해서는 26.7그루의 나무를 심어야 한다.

최근 기업에서는 ESG(Environment, Social and Governance)의 일환으로 이 운동을 진행하고 있는데, 철강업계에서 석탄 대신 수소 등 친환경 원료를 대체하거나, 내연기관 차량의 생산 중단을 준비하는 등 변화를 위한 노력이 진행되고 있다. 개인들이 일상생활 속에서 할 수 있는 탄소 발자국 지우기는 매우 다양하다. 플라스틱 제품과 일회용품의 사용을 줄이는 것, 분리수거를 잘하는 것, 실내온도를 적정하게 유지하고 에너지 효율이 높은 제품을 이용하는 것 등이 탄소 발자국을 지우는 방법이다. 짧은 거리는 도보로 이동하고 먼 거리는 대중교통을 이용하는 습관도 탄소 발자국을 줄여 환경위기시계를 되돌리는 좋은 방법이라고 할 수 있다.

도시의 생태건전성을 높이기 위해서는 모든 시민의 노력이 필요하다. 건축물에 옥상정원을 조성하면 도시의 열섬 현상을 완화하고 흡수된 빗물을 재활용할 수 있다. 그린 리모델링, 제로에너지 하우스 등 기존 건축물의 에너지 성능을 개선하면 탄소 발생량을 감소시킬 수 있다. 태양광, 풍력, 지열 등 신재생 에너지의 생산과 사용을 확대하면 탄소 배출량 감소에 큰 도움이 될 것이다.

환경위기시계는 우리의 노력으로 거꾸로 돌릴 수 있다. 더 이상의 환경훼손을 막고 지구 온난화를 해결하기 위해서는 원인제공자인 도시가 바뀌어야 한다. 도시에 사는 우리 모두가 힘을 모아야 할 때이다.

메타버스 시티

2

아스팔트가 덮은 대지,
도시 열섬과 도시 홍수

　서울시는 '기후위기로부터 안전한 도시'라는 내용의 기후변화대책 종합계획을 발표했다. 2026년까지 10조 원을 투자해 온실가스를 30% 줄인다는 것이 주요 내용이다. 저탄소건물 100만 호 건축, 전기차 40만 대 보급, 가능한 한 많은 콘크리트와 아스팔트를 걷어내어 녹지·물·흙으로 조성한다는 내용이 포함되어 있다. 종합계획은 5대 분야 종합계획과 10개의 핵심과제, 143개의 세부사업으로 구성되어 있는데, 이 중 콘크리트와 아스팔트를 걷어내어 공원을 늘리고, 물 순환 도시를 만든다는 내용은 새롭고 참신해 보인다. 도로를 숲길로 조성하고 건물 옥상과 학교 유휴 공간에 녹지를 조성하는 방안도 좋은 아이디어이다.

　아스팔트로 덮인 도시에서 열섬 현상이 나타나고, 넓은 포장면적이 도시 홍수의 원인이 된다는 것은 알려진 사실이다. 도시 열섬은 도시 내부의 온도가 외곽 지역에 비해 2~5℃ 정도 높게 나타나는 현상으로,

지표면의 포장면적과 빌딩 등 도시의 시설물이 그 원인이다. 아스팔트로 포장되어 있는 도심은 녹지가 많은 지역에 비해 태양열로 쉽게 달궈진다.

도시 열섬

도심 부분이 외부에 비해 기온이 높아지는 도시 열섬 현상의 원인은 도시화로 인한 지표면 개발, 에너지 사용으로 인한 열 발생 등 다양하다.　　　　　　　　　　　　　출처 : 게티이미지뱅크

여기에 도시 내 공장, 아파트, 자동차 등에서 발생하는 각종 열원으로 인해 도시 열섬 현상이 발생한다. 토양과 녹지의 역할은 온도의 급격한 상승을 완충하는 기능인데, 이 기능이 상실되고 밀집한 고층의 건물로 공기순환이 이루어지지 않기 때문이다. 도시 열섬은 열대야라는 이름으로 야간에 더욱 심하다. 상업시설과 주거지의 냉난방기 등에서 발생되는 고온의 배출공기가 야간에도 도시 내부에 그대로 남아 있기

때문이다.

　도시 홍수도 마찬가지이다. 도시 내 아스팔트로 포장된 면적이 넓을수록 땅속으로 빗물을 제대로 흘려보내지 못해 저지대에 빗물이 고이기 때문에 홍수가 발생한다. 기후변화가 심각해지면서 물 관리에 대한 중요성이 더욱 커지고 있다. 물은 가뭄과 홍수, 해일과 해수면 상승 등 다양한 형태로 인간의 생존을 위협하는 요소가 되었다.

⬡ 도시에 물이 순환되어야 하는 이유

　국립기상과학원에서는 '한반도 100년의 기후변화' 보고서를 발간했다. 이것은 1912년부터 2017년까지 106년 동안의 우리나라 기후 변화 추세를 분석한 보고서이다. 지난 106년 동안 우리나라의 연평균 기온은 13.2℃, 강수량은 1,237.4mm이며, 여름은 19일 길어졌고 겨울은 18일 짧아졌다고 한다. 최근 30년의 평균기온은 지난 30년(1912년에서 1941년)에 비해 1.4℃ 상승했으며, 최근 30년 강수량은 당시보다 124.1mm 증가했다. 강수량을 계절별로 보면 여름은 대폭 증가했고 가을과 봄은 다소 증가했으며 겨울에는 큰 변화가 없었다. 특이한 점은 강수량의 변동성이 커졌다는 점이다. 강수의 강도 역시 +0.18mm/일/10년으로 증가 추세에 있다. 강우의 양상이 돌발성 집중호우, 흔히 물폭탄이라 불리는 폭우가 많아졌다는 의미이다.

기후변화 도표			
구분	평균	변화경향(/10년)	최근 30년 ~ 과거 30년
강수량(mm)	1,237.4	+16.32	+124.1 (1,181.4 → 1,305.5)
강수일수(일)	77.6	+0.19	+1.6 (76.5 → 78.1)
강수강도(mm/일)	15.7	+0.18	+1.3 (15.2 → 16.5)

강수량, 강수일수, 강수강도의 평균과 변화(1912~2017년)　　　　　　　　참고자료 : 국립기상과학원

　도시화로 인해 지표면이 아스팔트 등으로 포장되면서 불투수(不透水) 면적이 넓어졌다. 이렇게 되면 빗물의 토양 침투율이 떨어지게 된다. 비포장면적이 많은 농촌에서는 같은 양의 비가 내리더라도 빗물의 토양 침투로 인해 홍수 방지효과가 있지만, 도시는 포장면적으로 인해 빗물의 대부분이 급속하게 하수도로 흘러들게 된다. 하수도가 흘러드는 빗물의 수량을 감당하지 못할 때 도시 홍수가 발생하는 것이다. 도시 홍수는 홍수로 인한 피해뿐 아니라 그 과정에서 상하수도로 유입된 오염물질로 인한 2차 피해도 양산한다. 오염물질이 상하수도로 유입되면 시민들의 위생을 위협하고, 생태계가 파괴되어 생물다양성을 감소시키는 요인이 되기도 한다.

　도시 홍수의 또 다른 원인은 기후변화이다. 2021년 여름 서유럽 지역에 쏟아진 폭우로 126명이 사망하고 수천 명이 실종되었다. 지중해에서 유입된 저기압이 독일, 벨기에, 네덜란드 등 서유럽지역에 유래 없는 물폭탄을 쏟아내었다고 한다. 우르줄라 폰 데어 라이엔(Ursula von der Leyen) 유럽연합 집행위원장은 이번 도시 홍수는 기후변화의 명확한 징후라고 지적했다. 도시화로 인한 포장면적의 증가와 도시에서 내뿜는 온실가스로 인해 도시는 예기치 못한 홍수의 위험에 직면하고 있는 것이다.

콘크리트, 아스팔트로 대변되는 불투수포장면적의 증가로 인한 피해는 열섬과 도시 홍수에서 그치지 않는다. 불투수면적은 빗물이 지하로 침투하는 것을 막아 지하수를 충전하는 것을 방해하기 때문에 씽크홀의 원인이 되기도 한다. 또 대규모 지하시설물 설치는 비가 오지 않으면 도시하천에 물이 흐르지 않는 건천화의 원인이 되고, 녹지면적의 감소는 주변 환경이 황폐화되는 도시 사막화의 원인이 된다.

⬡ 물이 순환하는 물의 도시

자연재해로부터 도시의 피해를 최소화하기 위해서는 물이 순환하는 도시를 만들어야 한다. 물 순환 도시는 빗물이 땅속으로 원활하게 침투되고, 그 물이 하천으로 흘러드는 순환체계가 잘 갖춰진 도시이다. 도심 내에 물이 제대로 순환함으로써 도시 생태계가 회복될 수 있도록 도시 개발 역시 자연적인 물 순환에 미치는 영향을 최소화하는 방향에서 진행하는 것이 바람직하다. 이런 내용을 반영한 개발방식이 바로 저영향개발(LID, Low Impact Development)이다. 그동안 도시 물 순환의 목표는 빗물의 빠른 배수였으나, 이제는 빗물의 도시 체류시간을 지연시켜 홍수를 예방하고 배출원이 불분명한 오염물질인 비점오염물질이 하천에 유입되지 않도록 하는 방식으로 변했다.

물 순환 도시 개념도

투수성포장, 나무여과상자, 침투통, 빗물정원, 옥상녹화, 침투도랑, 식생수로, 식생체류지, 식물재배화분

물 순환 도시는 빗물이 땅으로 원활하게 침투되고, 그 물이 하천으로 흐르는 자연의 물 순환 체계가 잘 갖춰진 도시를 말한다.

출처 : 환경부

대표적인 저영향개발의 방법은 투수포장이다. 포장은 하되 그 재질을 투수성을 가진 포장재를 활용하는 것이다. 투수성 포장재는 투수블록을 비롯해 잔디블록, 틈새블록 등 다양하다. 이들 포장재는 빗물을 머금을 수 있기 때문에 폭염을 완화해주는 기능도 한다. 건물 옥상 및 벽면을 녹화하는 것은 투수면을 늘리는 또 다른 방법이다. 옥상에 떨어진 빗물이 바로 유출되지 않고 옥상정원의 식물과 토양이 머금고 있기

때문에 빗물 유출량을 줄여준다. 이 밖에 저영향개발 방안은 빗물을 이용한 빗물연못, 가로수에서 사용하는 나무여과상자 등이 있다.

이렇게 자연의 기능을 강조한 기술과 소재를 활용하는 것이 그린 인프라(Green Infrastructure)이다. 그린 인프라는 도시 물 순환과 생태회복에 기여하며 녹지 공간 확보를 통해 생태서식처 제공, 도시 경관 개선의 효과를 갖는다.

이 밖에도 도시 홍수를 해결하기 위한 다양한 방안에 대한 검토가 필요하고, 도시 하천과 연계한 녹지네트워크와 도시 공원의 조성도 필요하다. 도시 공원과 연계한 저류시설을 만들면 폭우가 내렸을 때 홍수와 환경오염을 방지해주는 역할을 한다. 저류지는 지질과 주변지형 등을 종합적으로 고려한 뒤 설치해서 도시 공원으로서의 기능과 방재시설로서의 기능을 모두 발휘할 수 있도록 해야 한다.

도시 열섬을 해소하기 위한 방안은 도시 숲 조성이다. 도시 숲은 치유(Healing)의 장소이자 도시 폭염과 열섬을 해결하는 공간이다. 도시 숲에 심어진 나무와 풀은 도시의 열기를 식히고, 그늘을 만들어 도시 온도를 낮춰준다. 지붕을 하얗게 칠해 온도를 낮추는 '쿨 루프(Cool Roof)'나 지하철 내 역사에서 하수도로 버려지는 지하수로 도로면에 물을 뿌리는 '클린로드 시스템'도 도시의 열기를 감소시켜주어 도시의 열섬 해소에 기여한다.

최근 '물 순환 도시'의 개념은 도시의 스마트화로 인해 진화되고, 구체화되고 있다. 저영향개발 시스템에 ICT 기술이 연계되어 물 자원을 통합 관리하는 기술이 적용되고 있기 때문이다. 빗물의 침투량, 미세먼지 저감, 열섬 완화효과 등 필요한 정보를 실시간으로 확인할 수 있도록 시스템화되고 있다. 스마트 물 순환 도시도 메타버스 기술 중 하나인 디지털 트윈으로 더욱 체계화할 수 있다.

⬡ 기든스의 역설

기후변화는 먼 미래의 일이 아닌 현재 우리 주변에서 일어나고 있는 거대한 사건이다. 영국의 사회학자 앤서니 기든스(Anthony Giddens)는 "지구온난화에 따른 기후변화의 위험은 손으로 직접 만져지는 것이 아니고 우리 일상생활에서 거의 감지할 수 없기 때문에 아무리 무시무시한 위험이 다가온다 해도 대부분의 사람들은 그저 가만히 앉아서 기다릴 뿐이다. 그렇게 기다리다가 중요한 대응조치를 취하기도 전에 위기가 눈앞에 닥친다면 이미 때는 늦은 것이다"라고 경고했다. 이것이 그 유명한 '기든스의 역설(Giddens's Paradox)'이다.

기든스는 심각한 기후변화의 피해에서 벗어나려면 전 세계가 지금부터 즉시 과격할 정도의 획기적인 온난화 대책을 시행해야 한다고 강조한다. 기후변화의 위험성을 되풀이해서 경고할 필요는 없다. 실제로 기후변화는 이미 우리 코앞의 재난으로 다가와 있지만 우리와 관련 없는

일이라고 치부하거나, 아주 먼 미래의 일로 외면하고 있다. 기든스는
이런 우리에게 경고를 보내고 있으며, 우리는 그 경고에 귀를 기울여야
한다.

현실화된 기후위기

기후위기는 현실의 재난이지만, 우리는 관계없는 일로 치부하거나 먼 미래의 일로 외면하고 있다.

출처 : 게티이미지뱅크

둥지에서 쫓겨나다, 젠트리피케이션

신사동 가로수길은 젊은 연인들에게 좋은 데이트 코스로 알려져 있다. 특색 있는 갤러리와 디자이너 숍, 이색적인 카페와 레스토랑이 많고, 거리를 따라 일자로 늘어진 가로수가 있어 산책코스로 손색이 없기 때문이다. 한때 강남의 핫플레이스였던 가로수길도 젠트리피케이션을 피할 수 없었다. 방문객이 늘어나자 대기업 프랜차이즈 업체와 외국계 브랜드 매장 등 대형자본이 경쟁적으로 유입되었다. 임대료가 치솟았고 견디다 못한 원주민들이 밀려나면서 거리 분위기도 개성을 잃어갔다. 특색 있는 점포들이 늘어선 가로수길만의 특별한 매력을 찾아온 방문객들은 실망감에 발길을 돌렸다. 코로나 사태로 매출부진을 겪다가 회복세에 있는 다른 상권과 달리 가로수길은 최악의 불황을 겪고 있다. 2021년 4분기 가로수길의 공실률은 36.4%까지 치솟았다. 불과 1년 만에 17.4%가 상승한 것이다. 아이러니하게도 상권이 쇠퇴하면서 대기업 프랜차이즈마저 문을 닫고 있다.

⬡ 젠트리피케이션이란?

젠트리피케이션(Gentrification)은 도심 인근의 낙후지역이 활성화되면서 외부인과 돈이 유입되고, 임대료가 상승하는 등이 원인이 되어 원주민이 밀려나는 현상이다. 낙후되었던 동네가 중소 상인, 예술가, 지역주민의 노력으로 독특하고 매력 있는 지역으로 인기를 끌게 되면 유동인구가 증가하고 상권이 활성화된다. 그렇게 되면 해당 지역의 소유주나 자본가, 대기업 프랜차이즈가 진입하면서 임대료가 상승한다. 젠트리피케이션은 기존 임차인들이 임대료 부담을 견디다 못해 다른 지역으로 쫓겨나게 되는 현상을 의미하는 용어이다.

젠트리피케이션은 1964년 영국 사회학자 루스 글래스(Ruth Glass)가 처음 사용했다. 런던 도심에 있는 노동자 거주지에 중산층이 이주해오며 지역 전체의 구성과 성격이 변하는 현상을 설명하면서 사용되었다. 지주나 신사계급을 뜻하는 'Gentry'와 화(化)를 의미하는 'Fication'의 합

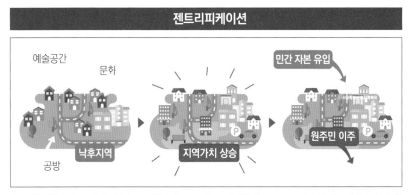

젠트리피케이션

예술공간
문화
낙후지역
공방

지역가치 상승

민간 자본 유입
원주민 이주

젠트리피케이션은 도심 인근의 낙후지역이 활성화되면서 외부인과 돈이 유입되고 임대료 상승 등으로 원주민이 밀려나는 현상이다.　　　　　　　　　　　　　　　출처 : 도시계획용어 설명집

성어이다. 2016년 국립국어원에서는 '둥지 내몰림'이라는 용어로 대체하자는 제안을 하기도 했으나, 일반적으로 '젠트리피케이션'으로 쓰이고 있다. 우리나라에서의 젠트리피케이션은 대부분 부정적인 의미로 활용되고 있지만, '도시의 재활성화'라는 의미로 긍정적인 면을 부각하는 사람도 많다.

⬡ 젠트리피케이션의 긍정적인 면과 부정적인 면

젠트리피케이션을 긍정적으로 보는 사람들은, 도시의 발전단계에서 필연적인 현상이라고 이야기한다. 쇠퇴했던 지역에 새로운 상권이 생겨나고 고급화되면서 주변 지역이 활성화되는 현상 자체가 도시발전의 과정이라는 것이다. 젠트리피케이션으로 공동화되었던 도심이 활성화되어 빈집 수가 줄어들면서 범죄 역시 감소한다. 지역경제의 활성화로 소비자의 구매력이 향상되면 지방세의 세수도 증가한다. 세수 증가는 지역 인프라와 공공 서비스 개선으로 이어지고 추가개발도 가능해진다. 이와 같은 선순환은 도시의 외곽 확산을 방지하고, 공동화되었던 도심지 활성화에 긍정적인 기여를 한다는 것이 긍정론자의 주장이다.

반면, 젠트리피케이션을 부정적으로 보는 사람들은 젠트리피케이션의 개념 그대로의 문제점을 지적한다. 골목상권의 고유한 특성이 어디서나 볼 수 있는 일반 상업 지역처럼 되는 '문화백화현상(Cultural Whitening Event)'을 가장 큰 문제점이라고 지적한다. 또, 지역상권 활성화에 기여했던 저소득층이 밀려나면서 지역사회의 갈등요인으로 부각되고, 밀려난 사람들로 인해 다른 지역의 주거수요를 압박하거나 도시의 교외 확산을 유발하는 새로운 사회문제가 발생할 수 있다는 것도 부정적인 측면이라는 것이다.

🔷 젠트리피케이션의 유형

젠트리피케이션은 학자들에 따라 다양하게 분류해서 설명하고 있다. 주거 지역과 상업 지역을 기준으로 구분하기도 하고, 문화형과 재개발형으로 구분하기도 한다. 이 밖에도 학생들의 유입으로 마을이 학생화되는 '스튜덴티피케이션', 대단위 주거지 개발로 생겨난 '뉴빌드 젠트리피케이션', 뉴타운 사업과 같이 정부 주도 전면 재개발 방식인 '정부 주도 젠트리피케이션', 이미 고급 주택지로 변모한 지역이 최고급 주택지로 개발되는 '슈퍼 젠트리피케이션' 등 다양한 분류가 있다. 여기서는 일반적인 분류인 매스미디어, 프랜차이즈, 부동산·자산 젠트리피케이션을 기준으로 설명하고자 한다.

매스미디어 젠트리피케이션(Mass-media Gentrification)은 매스미디어를 통해 '뜨는 골목'이 된 곳에서 일어나는 젠트리피케이션이다. 텔레비전이나 신문, 잡지 등 각종 매스미디어에서 소개되어 특정 지역이 유명해지면 소유주나 거대자본이 유입되어 임대료 상승을 유발한다. 임대료 상승은 기존 지역의 활성화에 기여했던 예술인, 소상공인 등을 밀어내게 된다. 이런 종류의 피해자가 많아지면 다시 매스미디어가 주목하게 되고, 이것이 사회적 문제로 확대·재생산되는 유형의 젠트리피케이션이다.

프랜차이즈 젠트리피케이션(Franchise Gentrification)은 대형 프랜차이즈의 진입현상이다. 매스미디어로 '뜨는 골목'이 되어 상권이 활성화되면, 매출상승을 기대하고 대형 자본의 프랜차이즈가 진출한다. 이것은 독특한 골목상권의 분위기를 소멸시키며 표준화된 인테리어로 지역상권의 개성적인 문화를 말살하는 '문화백화현상'을 유도한다. 개성 있는 골목이 일반적인 상업 지역으로 변하는 것이다.

부동산·자산 젠트리피케이션(Property Gentrification)은 부동산 투자를 위한 젠트리피케이션이다. 부동산 투자로 자산을 증식하고자 하는 투자자가 소문난 골목상권에 투자하는 현상이다. 금리가 낮은 경우 많이 발생하는데 이 역시 임대료 상승을 불러온다. 수익을 위해 고가의 부동산을 매입한 뒤, 투자금이나 차입한 자금의 회수를 위해 임대료를 올릴 수밖에 없기 때문이다.

지역의 상인들이 힘을 모아 특색 있는 골목을 만들어 젠트리피케이션을 극복한 우수 사례도 있다. 용인시 보정동의 카페거리가 그곳인데, 2008년 카페 창업자들이 모여 만든 거리이다. 2012년 〈신사의 품격〉이란 드라마 촬영지로 유명해지면서 호황을 누리다가 그 후 매출이 감소하기 시작했다. 위기를 느낀 상인들이 직접 화단과 포토존을 만들고 조명을 걸면서 스스로 거리를 조성하기 시작했다. 2016년부터 활성화 되기 시작해 매년 할로윈데이에는 15,000명 이상의 손님이 찾아올 정도로 인기가 있다. 140여 곳이 넘는 점포 가운데 대형 프랜차이즈는 한 곳도 없이 다양한 종류의 점포가 거리를 가득 채우고 있다.

용인시 보정동 카페거리

용인시 보정동 카페거리는 골목을 살리기 위해 상인들이 조명과 인테리어에 참여해 핫플레이스로 조성함
으로써 젠트리피케이션을 극복한 모범사례이다.　　　　　　　　　　　출처 : 저자 제공

◇ 젠트리피케이션의 단계와 사회문제

젠트리피케이션의 일반적인 경향은 두 단계이다. 첫 번째는 골목상권이 활성화되면 부동산 소유주들이 점포를 직접 운영하기 위해 임차

인과 거래를 해지하고 임차인이 쫓겨나는 단계이다. 두 번째는 지역을 확대 재개발하려는 개발업자와 자산가들이 부동산을 대거 매입하면서 기존 소유자까지 쫓겨나는 현상이다. 각 단계에서 모두 사회문제가 발생된다. 피해자들이 증가해 연합하게 되면 극한의 대립이 발생할 수 있다. 또, 다양한 문화가 소멸되는 문화백화현상은 물론, 재산에 따라 사람의 가치가 부여되는 등 여러 사회문제가 발생한다. 젠트리피케이션이 심화될 가능성이 있는 지역에서는 공공기관의 적절한 개입이 필요하다.

⬡ 젠트리피케이션 해소를 위한 노력들

젠트리피케이션으로부터 임차인을 보호하기 위한 노력이 세계 각국에서 진행되고 있다. 법령을 통해 보호제도를 만들거나 용도지역제(Zoning) 개선 등 도시계획을 통한 보호제도를 도입하기도 한다. 파리시의 경우 '활기찬 거리사업'을 통해 소상공인에게 저렴한 임대 공간을 제공하고 있다. 지방공사가 사업지구 부동산을 매입해서 사업을 시행하고, 완료되면 임대인에게 매각하기도 한다. 자문, 홍보 등 다양한 지원과 세금혜택을 부여하고 있다.

일본이나 영국에서도 임대료의 급격한 인상 방지, 갱신기간 확대 등의 제도를 도입하고 있으며, 미국의 경우 뉴욕시 브루클린 다운타운에 시 소유 상가건물을 모두 일반 소매점으로 임대하는 등 젠트리피케이션 해소를 위한 노력을 진행 중이다. 우리나라도 소상공인보호 및 지원에 관한 법률, 도시형 소공인 지원에 관한 특별법을 통해 지역소상공인 보호를 진행하고 있다.

메타버스와 젠트리피케이션

과학기술정보통신부에서 주관한 디지털 혁신 공공 서비스 혁신 프로젝트 공모사업에 경상북도의 '골목상권 활성화 3차원 가상화 구축사업'이 선정되었다고 한다. 경주시의 핫플레이스인 황리단길을 모델로 골목상권 항공뷰, 상점뷰, 증강현실 포토존 등을 온라인상에 구현하는 서비스이다. 이것을 통해 극사실적 공간체험, 라이브 콘텐츠와 연계한 상품구매 서비스, 증강현실 포토존의 오프라인 연계 서비스를 제공한다고 한다. 소상공인이 라이브 콘텐츠를 직접 제작, 유지 관리할 수 있는 환경도 제공한다. 또, 주민자치협회를 구성해서 관련 기술이전, 운영 인력 교육 등을 통해 민간이 주도적인 운영을 가능하게 한다고 한다.

지역상권 활성화에 메타버스를 도입하는 것은 바람직하다. 주민이 주도적으로 운영할 수 있는 시스템을 만드는 것도 합리적이다. 메타버스 도시가 활성화되면 가상 세계에서의 온라인 관광과 매출이 실제 골목상권 활성화로 이어질 수 있다. 메타버스에서 주문한 기념품을 택배로 받는다거나 온라인 관광이 실제 여행으로 이어질 수도 있다. 이로 생긴 이익은 주민자치협의회를 통해 재투자할 수 있다. 이렇게 되면 골목상권의 독특한 정체성을 유지하면서도 젠트리피케이션을 방지할 수 있다.

경주시는 전통골목상권에 메타버스 기술을 입혀 과학기술정보통신부 주관 2022년 디지털 공공 서비스 혁신 프로젝트에 선정되었다.

출처 : 경상북도

4

아파트가 쌓은 성벽,
외부인 출입금지

인구주택총조사에 따르면, 2020년 우리나라 전체 가구 중 아파트가 1,078만 가구로 51.5%를 차지하는 것으로 나타났다. 지난 2000년에는 524만 가구로 36.6%이었는데, 불과 20년 만에 아파트가 2배로 늘어난 것이다. 이 중 세종시의 아파트 거주 가구 비율은 75%이고, 경기도는 58.4%이다. 1970년대 강남개발이 시작된 이후 반세기가 지난 지금, 우리나라가 아파트 공화국이라고 불리우는 것도 어색하지 않게 되었다.

아파트 확산의 원인은 전후 베이비붐 세대와 여성의 사회적 지위 변화이다. 아파트에 대한 선호도가 높았던 베이비붐 세대의 성장으로 주택수요가 증가했고, 경제활동이 증가한 여성들이 편리성이 우수한 아파트를 선호하면서 폭발적인 인기를 얻었다. 대도시로 밀려드는 인구문제를 해결하기 위해 어려움을 겪었던 정부와 대규모 아파트 건설을 통해 높은 수익을 창출할 수 있는 기업들의 이해관계가 일치했던 것도 아파트 건설 붐 조성에 일조했다.

⬡ 중세 도시의 성곽과 같은 아파트가 늘어난다

아파트는 편리함과 쾌적한 주거환경, 그리고 투자 가치를 갖춘 매력적인 상품이다. 물론 문제가 없는 것은 아니다. 과도한 단지규모와 폐쇄성, 주거환경의 고립, 성냥갑 같은 표준화, 도시경관의 파괴, 집단이기주의 양산 등이 그것이다. 이 가운데서도 가장 큰 문제는 과도한 단지규모와 폐쇄성일 것이다. 대부분의 아파트들이 단지 외곽에 담장을 치고 외부인의 출입을 통제하고 있다. 대도시의 아파트를 보면 중세 도시의 성곽이 연상된다.

점차 대형화되는 아파트 단지

대단위 아파트의 내부는 환경친화적이고 연결성을 강화하고 있지만, 기존의 길들은 아파트 단지로 인해 끊어지고 있다.　　　　　　　　　　　　　　　　　　　　　출처 : 게티이미지뱅크

아파트 단지는 더욱 대형화하고 있다. 재건축 시기가 되면 여러 아파트 단지가 단일 브랜드로 미니신도시 규모의 재건축을 추진하는 경우가 일반적이다. 이들이 재건축을 추진하면서 많이 고려하는 것은 단지 내 보행로이다. 대부분의 아파트가 지상 공간을 공원처럼 꾸며 거주민들의 삶을 풍요롭게 만들기 위해 노력하고 있다. 숲길을 걷는 듯하고 단지 내 어디서든 진입이 가능한 자연친화적이며 연결성이 강화된 보행로 설계에 공을 들인다.

그러나 대단지 아파트로 인해 길이 끊긴 외부 시민들에 대한 고려는 부족하다. 도시의 실핏줄처럼 정겨웠던 골목길은 아파트 단지가 조성되면서 어김없이 지워진다. 아파트가 늘어날수록 시민들이 걸어서 이동하거나 휴식할 수 있는 공간은 줄어든다. 대규모 아파트 건설로 고립된 주택가가 늘어나기도 한다. 50년 넘게 다닌 골목길이 폐쇄되면서 시장과 병원 가는 것이 어려워진 부산의 어느 재개발지구 인근의 노인들이 비상대책위원회를 구성했다는 소식은 우리를 씁쓸하게 한다.

⬡ 도시의 실핏줄, 길은 다시 이어져야 한다

"골목길은 자생적으로 생겨나는 자연을 닮은 서민 주거지로, 사회적 생태계의 서식지이다." 2018년 서울시 골목길 재생 기본계획 보고서에 나오는 말이다. 우리가 어린 시절 경험했던 그 골목길을 다시 만들자는 뜻은 아니다. 최소한 재건축으로 인해 단절된 길을 다시 열자는 것이다.

2020년 1월 서울시에서 발표한 '아파트 단지 조성 기준'은 아파트 공화국에 작은 희망을 준다. 그 기준에는 길의 연결, 커뮤니티 공간의 조성, 주변과의 경관적 조화, 수요맞춤형 주거 등의 내용이 담겨 있다. 가장 눈에 띄는 것은 아파트 단지로 단절된 길을 잇는 계획이다. 대규모 아파트 단지의 한 변의 길이가 200미터 이상인 슈퍼블록은 통행을 어렵게 만든다. 200미터 이상은 분절해서 재구성하도록 했다. 블록 사이에 길을 만들고 가로와의 연결성, 지역자원과의 접근성을 고려해 단지를 계획하도록 했다. 신규 조성 아파트의 경우는 단지 내부의 길에 외부인도 활용할 수 있는 커뮤니티 공간을 만들자는 계획도 의미 있어 보인다.

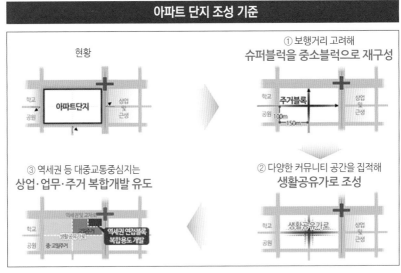

서울시가 아파트를 개방형 공간으로 만들기 위해 아파트 단지 조성 기준을 마련했다.   출처 : 서울시

이러한 새로운 시도가 실제 시민들의 생활과 현실에서 실현되기를 희망한다. 이미 존재하는 제도도 실현되지 못하는 경우가 많기 때문이

다. '개방형 아파트'가 그것이다. 용적률을 상향해주는 대신 아파트 단지 내 공공보행 통로나 공원, 개방형 담장, 열린 놀이터 등을 도입하는 제도가 개방형 아파트인데, 이 제도 역시 입주민의 이기주의로 유명무실하게 되어버렸다. 상향된 용적률로 아파트를 선설하고 준공 후에는 외부인에게 아파트의 문을 길어 잠그기 때문이다.

◇ 길은 우리 삶의 생태계를 이루는 중요한 요소이다

최근의 도시계획 트렌드는 거주지 위주의 도보생활권 조성이다. 자동차 위주의 도시 환경 속에서 보행 친화적 도시 공간과 안전하고 편리한 보행로를 조성해야 한다는 것에 공감하는 사람들이 늘어나고 있다. 도시를 걷기 좋게 만드는 것은 탄소 배출의 원인인 자동차 배기가스를 줄이면서 시민들의 건강을 개선하는 좋은 방법이다. 도시재생사업을 추진하거나 건축물을 설계할 때 보행자들이 접근하기 편하게 배치하고 보행자들을 위한 공간들로 채워지고 있다. 하천을 이용한 선형공원, 쌈지공원 등 보행과 휴식을 위한 공간이 늘어나고 있다. 공공공지, 공개공지 등 외부 공간의 중요성도 강조되는 추세다. 공개공지는 쾌적한 지역 환경을 위해 사유지 안에 일반 시민이 사용할 공간을 할애하고 대신 용적률 인센티브를 받는 제도이다.

공개공지를 설치하면 대지면적에 대한 공개공지의 면적 비율에 따라 120% 내에서 용적률 및 높이제한에 대한 완화를 받을 수 있다. 서울시에서는 최근 '실내형 공개공간(공개공지)' 제도를 최초로 도입했다. 건축법에서 공개공지 설치장소를 실외로 정하지 않았지만 특별한 기준이 없어 대부분 야외 공원 형태로 조성되어왔다. 건물 내부에 일반인이 접근하기 편리하고 다수 공중이 이용 가능한 공간으로 설치해야 한다는 조건이 있지만, 실내 공개공지는 걷기 좋은 도시를 만드는 데 많은 도움을 줄 것이다. 실내 공개공지는 건물의 개방성을 높이고 혹한기나 혹서기에 시민들이 편안하게 휴식할 수 있는 공간으로 조성될 수 있기 때문이다.

공개공지

공개공지는 쾌적한 도시환경을 위해 대지면적 10% 이내 면적을 건축주가 일반인에게 상시 개방하는 공간이다. 건축주는 완화된 용적률이나 높이의 혜택을 받을 수 있다. 　　출처 : 디자인소나무

길은 우리 삶의 생태계를 이루는 중요한 요소이다. 우리는 길을 통해 다양한 삶을 살아온 외부세계와 소통한다. 길을 끊는 것은 다양성을 끊는 것이다. 다양성이 상실된 생태계는 취약하다. 아파트로만 이루어진

메타버스 시티

우리나라 주거생태계는 너무나 취약하다. 길은 이어져야 한다. 길을 통해 현재 우리 문제를 해결해야 한다. 폐쇄적인 아파트 단지의 길을 열어 끊어진 실핏줄을 이어야 한다.

5

지방 도시의 위기,
축소 도시

우리나라 전국 시군구 228곳 중 89곳이 '인구감소지역'으로 지정되었다. 일반인들에게는 '인구감소지역'이라는 완고한 표현보다 '축소 도시'나 '지방 소멸'이라는 말이 더 익숙하다. 그만큼 지방 도시의 축소는 우리나라에서 시급히 해결해야 할 과제임에 틀림없다. 지방 도시의 인구감소가 출산율 저하로 인한 자연적 감소가 원인이든, 타 지역으로의 인구유출이 원인이든 간에 인구감소로 인한 지방 도시의 축소 현상은 위기상황이 분명하다. 인구감소지역 89곳의 주민을 대상으로 실시한 설문조사는 축소 도시의 암담한 현실을 보여주고 있다.

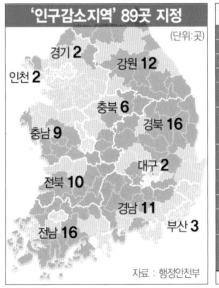

우리나라 인구감소지역 89곳

'인구감소지역' 89곳 지정

(단위:곳)

경기 2
강원 12
인천 2
충북 6
경북 16
충남 9
대구 2
전북 10
경남 11
부산 3
전남 16

자료 : 행정안전부

'인구감소지역' 89곳 지정	
인천 2	강화 옹진
경기 2	가평 연천
부산 3	동구 서구 영도구
대구 2	남구 서구
경남 11	거창 고성 남해 밀양 산청 의령 창녕 하동 함안 함양 합천
경북 16	고령 영양 군위 영주 문경 영천 봉화 울릉 상주 울진 성주 의성 안동 청도 영덕 청송
강원 12	고성 철원 삼척 태백 양구 평창 양양 홍천 영월 화천 정선 횡성
충남 9	공주 서천 금산 예산 논산 청양 보령 태안 부여
충북 6	괴산 영동 단양 옥천 보은 제천
전북 10	고창 순창 김제 임실 남원 장수 무주 정읍 부안 진안
전남 16	강진 고흥 곡성 구례 담양 보성 신안 영광 영암 완도 장성 장흥 진도 함평 해남 화순

〈자료: 행정안전부〉

행정안전부에서는 인구감소 위기대응을 위해 인구감소지역 89곳을 선정해 행정·재정적 지원을 추진하기로 했다.

출처 : 행정안전부

◇ 인구감소지역에 대한 설문조사

인구감소지역 89곳을 대상으로 〈한겨레〉 신문에서 해당 지역 인원 600명을 대상으로 한 설문조사를 2021년 12월 발표했는데, 주요 내용을 요약하면 다음과 같다.

인구감소지역의 주민 중,

1. 3년 이내 이주 의향이 있는 사람은 44.8%이며 이 중 19~29세가 76.8%이다.

2. 이주희망 사유는 직업 32.7%, 생활환경 23.0%, 주택 17.5% 순이다.

3. 가장 개선해야 할 생활여건은 일자리 창출 40.2%, 보건·의료·복지 16.8%이다.

4. 가장 필요한 편의시설은 문화·예술시설 25.2%, 보건·의료시설 24.5% 순이다.

5. 수도권 대비 격차가 큰 분야는 일자리 37.3%와 문화·여가 생활 28.4%이다.

6. 지방 소멸 위기가 심각하다고 생각하는 사람이 76.1%이다.

7. 향후 지역의 상황은, 비슷할 것 47.8%, 더 좋아질 것 35.8%로 응답했다.

설문조사 결과를 보면 정부의 지원 노력에도 불구하고 도시 축소 현상은 더욱 가속화될 것이라는 암울한 전망을 하게 한다. 출산율 저하에도 불구하고 수도권은 젊고 우수한 인재들이 모여들어 여전히 성장하고 있지만, 대부분의 지방 도시는 출산율 저하에 젊은 인구의 이탈과 노령화로 급격한 인구감소를 경험하고 있다. 인구감소는 재정악화와 기반시설의 노후 등 도시 쇠퇴 현상으로 이어진다. 성장기의 도시 정책은 도시의 팽창 억제에 맞춰져왔지만, 지금과 같은 저성장과 지역 불균형, 지방 축소의 시기에 도시에 대한 새로운 고민이 필요하다.

'축소 도시(Shrinking City)'는 1980년대부터 인구감소를 경험했던 독일에서 가장 먼저 사용된 말이다. 인구감소와 탈산업화로 쇠퇴했던 독일의 도시를 '축소 도시'라고 불렀다. 축소 도시는 '인구·경제적 측면에서는 인구감소, 경기침체, 고용감소 및 사회문제를 겪고 있는 도시 지역'으로 정의한다. 공간적 측면에서는 '심각한 인구손실로 인해 손상된 주택·상가·공장 등의 유휴·방치된 부동산이 증가하고 있는 오래된 산업도시'를 말한다.

최근 우리나라 지방 중소 도시는 저출산, 고령화, 인구유출이라는 삼중고에 시달리고 있다. 특히 젊은 인구의 유출은 지방 중소 도시에서는 소멸을 걱정할 만큼 치명적이다. 지방 도시에서의 인구감소는 공공시설, 의료·복지시설, 학교, 대중교통 등의 폐쇄나 축소운영을 부르고, 도시 인프라의 질적 저하는 인구유출로 이어지는 악순환이 지속될 것이기 때문이다.

◇ 축소 도시는 산업·경제여건의 변화로 인해 발생된다

제조업이 주류를 이루던 지역에서 산업기반이 쇠퇴하게 되면 실업률이 증가하고, 인구유출이 발생해서 축소 도시로 이어진다. 유럽과 미국을 중심으로 1970년대부터 이러한 유형의 도시 축소가 발생했는데, 특정 산업에 의존성이 높은 도시에서 이런 현상이 더욱 심하게 나타났다. 철강과 조선산업이 활성화되었던 스페인의 빌바오시나, 탄광산업의 발전으로 명성을 누렸던 독일의 에센시 졸페라인(Zollverein) 탄광 지역이 그랬다. 석유 관련 산업도 마찬가지이다. 수직굴착기로 석유시대를 연 필라델피아와 록펠러의 정유사업으로 번창했던 클리블랜드도 수차례

석유파동으로 극심한 도시 축소를 겪었다. 우리나라도 태백과 삼척시에서 탄광산업의 쇠퇴로 극심한 도시 축소를 경험했다.

◇ 인구구조 변화가 축소 도시에 영향을 준다

저출산과 고령화는 도시 축소에 가장 큰 영향을 주는 인구변화 현상이다. 통계청은 2020년 출생아의 평균 기대수명이 83.5년으로 전망된다고 밝혔다. 그런데, 합계 출산율은 0.84명으로 세계 최저 수준이라고 발표했다. 합계 출산율은 여성 1명이 평생 낳을 것으로 예상되는 출생아 수를 말한다. 신생아가 감소하면서 평균 수명이 늘어난다는 것은 인구감소와 노령화를 의미한다. 인구의 자연감소와 초고령 사회의 도래는 우리나라, 특히 지방 도시가 직면한 가장 중대한 리스크이다. 생산가능 인구의 대도시 이동으로 지방 도시의 축소는 불 보듯 뻔하다. 공간범위를 기준으로 보면 대도시는 고령인구의 비율이 낮고, 중소 도시는 그 비율이 높은 경향이 있다.

통계청에서 발표한 〈장래인구추계 : 2020~2070년〉(2021. 12. 9) 자료를 보면 우리나라 인구와 그 성장률이 심각한 수준임을 알 수 있다. 1970년의 인구(성장률)는 32,241천 명(2.18%), 2010년 49,554천 명(0.50%), 2020년 51,836천 명(0.14%), 2030년 51,199천 명(-0.10%), 2040년 50,193천 명(-0.35%), 2050년 47,359천 명(-0.80%), 2060년 42,617천 명(-1.21%), 2070년 37,656천 명(-1.24%)으로 예측되었다.

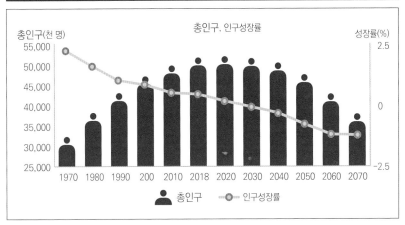

장래인구추계(2020~2070년)		

총인구, 인구성장률

우리나라 인구를 10년 단위로 보면 2020년이 정점이며, 2070년에는 37,656천 명 수준으로 줄어들 것으로 예측되고 있다.

출처 : 통계청

통계청에서 발표한 〈장래인구특별추계 : 시·도편, 2017~2047년〉(2019. 6. 27)를 보면, 총인구는 2017년 대비 2047년은 경기, 세종, 충남, 제주, 충북, 인천 등 6개 시도의 인구는 증가하고, 그 외 11개 시도의 인구는 감소하는 것으로 나타났다. 인구성장률은 2017년에는 영남과 호남 지역을 중심으로 인구가 감소하기 시작해서 2032년에는 수도권과 충청권을 제외한 지역으로 인구감소가 확대되고, 2047년에는 세종시를 제외한 16개 시도에서 인구감소가 나타나는 것으로 예측했다.

생산연령 인구는 2017년 대비 2047년을 비교할 때 세종을 제외한 16개 시도에서 감소하는 것으로 나타났다. 2047년 기준 65세 이상 고령인구의 비중은 전남 지역이 46.8%, 경북 지역이 45.4%, 강원 지역이 45%로 이들 지역의 고령화가 더욱 심각한 것으로 나타났다. 2022년

2월 기준으로 보면 65세 이상 고령인구 비율은 경기도가 14%, 서울시
가 17%인 데 반해 전라남도는 24.4%, 경상북도가 22.9%이다.

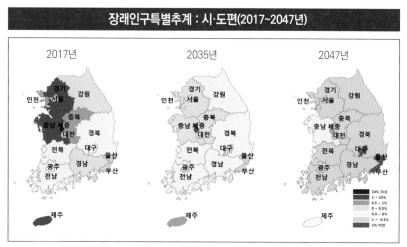

우리나라 시도별 장래인구는 초기에는 영호남을 중심으로, 2047년에는 전국적으로 감소할 것으로 예측
되었다.
출처 : 통계청

◇ 도시 축소의 다양한 원인

도시 축소의 원인에는 무분별한 교외화와 스프롤에도 원인이 있다.
교외화는 중심 도시의 기능이 주변 지역으로 확산되는 현상이며, '스프
롤(Sprawl)'은 도시 기반시설이 충분하지 못한 상태로 도시가 무질서하
게 외곽으로 확산되는 현상을 말한다. 이들 현상으로 인해 기성시가지
의 쇠퇴와 유휴 부동산 증가로 인구감소가 촉진된다. 대부분의 기반시
설이 있는 기성시가지를 두고 도시 외곽에 택지개발을 통해 신시가지

메타버스 시티

를 건설하게 되면, 기성시가지가 공동화되고 이로 인해 다시 베드타운의 인구가 감소하는 도시 축소의 악순환이 발생하게 될 것이다.

그 밖의 축소 도시 원인은 농수산물 시장 개방 등 거시적 경제상황의 변화, 중앙정부의 정책지원 미비, 생활환경 수준의 상대적인 낙후와 양질의 일자리 부족, 교통시설의 낙후, 성장잠재력 부족, 천재지변으로 인한 도시 몰락 등 다양한 요인이 있다.

⬡ 스마트 축소와 메가시티 전략

도시 축소는 지역공동체를 붕괴시키고, 빈곤층과 범죄 발생을 증가시킨다. 더불어 세수 감소, 교육·의료·보육 등 공공 서비스 악화를 동반한다. 이것은 인구유출의 원인이 되며, 결과적으로 지역주민들의 삶의 질을 저하시킨다.

인구의 수도권 집중을 방지하고, 지역균형발전을 위해 수도권 정비계획법이 제정된 것이 1982년이다. 이때부터 지역균형발전을 매개로 수도권 규제와 지방 도시의 재생을 위한 다양한 정책이 추진되었으나, 현재까지 인구의 수도권 집중을 막지 못하고 있다. 디지털 전환으로 양질의 일자리를 찾아 이동하는 청년인구로 인해 수도권 집중이 이어지고 있고, 지방 도시의 축소를 넘어 소멸의 위기로 내몰리고 있다.

이러한 문제를 해결하기 위해 부각되고 있는 전략은 스마트 축소 도시와 메가시티이다. '스마트 축소 도시'는 도시재생 전략의 일종이다. '도시의 버려진 근린을 자연으로 되돌리고, 도보 공간을 늘리며, 도시 공간을 좀 더 살기 좋게 하고, 주택가격을 좀 더 알맞게 하는 등 도시의 기반시설들을 새로운 차원의 인구에 맞게 재구성함으로써 쇠퇴의 순환을 방지하는 전략'이다. 인구증가와 그 수요에 맞춰 팽창되었던 도시는 인구감소로 시설과잉, 노후화, 공동화 현상이 진행되었다. 이렇게 쇠퇴한 공간을 현재 수요에 맞춰 공간을 재배치하는 전략이 스마트 축소이다.

'메가시티'는 최근 대두되고 있는 지방 도시의 회생 전략이다. 양호한 메가시티의 핵심 요인은 중심거점의 선정과 광역교통망 연계성의 확보이다. 저성장 시대에는 각종 기간의 인프라를 광역적으로 활용하는 것이 필요하다. 교통수단이 다양화되고 고속화되는 오늘날은 광역적인 지역 간 이동이 가능하게 되어 행정구역 간의 경계가 무의미해지고 있어서 각 지역에 대도시 생활권을 만드는 것이 가능해졌기 때문이다.

6

무분별한 도시 확장,
도시 스프롤

도시의 교외 지역이 불규칙하고 무질서하게 확대되는 현상을 '도시 스프롤(Urban Sprawl)'이라고 한다. 도시가 발전하면서 과밀화되고 도시의 기능이 분담되면 도심지의 지가는 상승한다. 이때 지가 부담을 견디지 못한 계층에서 주거지를 도시 외곽으로 옮기거나, 환경오염 발생으로 도심에서 운영하기 힘든 산업시설이 교외 지역으로 밀려나는 과정에서 발생하는 도시 확장 현상을 말한다. 도시 스프롤은 저층의 도시가 계획 없이 무한히 팽창하는 현상인데, 주로 부정적인 용어로 활용되고 있다.

도시 스프롤이란 단어는 1950년대 미국에서 처음 사용되었다. 미국은 1950년대 초반에서 1960년대 말까지 20년 동안은 연평균 4.5% 이상의 성장률을 기록했던 경제 호황기였다. 1920년 대공황 이전이 슈퍼 리치(Super Rich)가 주도했던 시기였다면 이때는 중산층의 천국이었다.

도시 생활에 지루함을 느낀 중산층이 여유로운 삶을 향유하기 위해 도시 외곽에 단독주택을 짓고 앞다투어 이주한 것이 도시 스프롤의 원인이었다.

도시 스프롤, 무질서한 교외 확산

스프롤 현상은 도시의 급격한 팽창에 따라 도시의 교외 지역이 무질서하게 주택화되는 현상이다.

출처 : 게티이미지뱅크

◈ 도시 스프롤의 발생 원인은 다양하다

도심지의 고밀화와 지가상승은 도시 스프롤의 주요 원인이다. 그러나 도시의 외곽 개발을 가능하게 한 것은, 새로운 도로의 건설과 기존 도로의 확장 등 도로 여건의 개선과 자동차 등 이동수단의 진화이다. 인구와 가구소득의 증가도 또 다른 원인이다. 쾌적한 생활 공간으로서의 주택에 대한 수요증가로 이어졌기 때문이다. 그 밖에 정보통신 기술의 발달은 공간에 대한 소통의 제약을 완화시켰으며, 교외화 수요를 노린 부동산 업자들의 증가도 도시 외곽 개발을 가능하게 했다.

도시 스프롤은 다양한 사회문제를 야기한다. 교외로의 이주가 진행되면서 도심의 공동화와 슬럼화가 발생된다. 도심과 교외 지역 간 통근거리가 늘어나 통행량 증가와 교통정체가 발생한다. 승용차 및 개별 에너지 소비로 에너지 비용이 증가하고 대기 오염으로 인한 온실가스가 증가한다. 무분별한 난개발은 녹지훼손과 농지감소 및 각종 사회기반시설의 구축비용을 추가로 발생시키는 등 사회문제를 발생시킨다.

◈ 스프롤 해소의 핵심, 자족기능

우리나라는 1970년대 고도성장기에 서울과 부산, 대구, 대전, 광주 등 대도시 지역으로 수많은 인구들이 유입되었다. 이 때문에 서울을 비롯한 대도시권이 급속히 팽창하면서 극심한 스프롤을 겪었다. 그런데, 우리나라에서의 도시 스프롤은 저층주택 위주로 간선도로를 따라 인접지로 확산해가는 미국의 스프롤과는 다른 양상을 보였다. 우리나라는 국가의 면적이 좁은데다 산지가 많아 거주할 수 있는 면적이 한정되기 때문이다. 1980년대까지는 미국의 양상과 비슷하게 저층 위주의 도시 스프롤이 진행되었으나, 1990년대부터 소위 난개발이라고 해서 도시 인근 지역으로 고밀도로 무질서하게 퍼지는 양상으로 진행되었다. 이러한 대도시 난개발은 해당 지역에 산업시설, 유통시설 등 자족기능을 개선하면서 치유되고 있는 것으로 보인다.

〈우리나라 광역도시권의 스프롤 연구〉(류나영, 2020년)라는 서울대학교 박사논문의 내용을 통해 우리나라의 스프롤 현상을 확인할 수 있다. 류나영은 자신의 박사논문에서, 우리나라 스프롤 현상의 관찰을 위해 '서울, 부산, 대구, 광주, 대전 등 5개 광역도시권'에 대해서 2000년부터 2015년까지 스프롤 현상을 분석했다. 그 결과, 그 모든 권역에서 스프롤이 진행되었는데, 도심에서 교외로의 거주지 분산이 산업 활동 분산으로 이어져 일부 교외 지역에서는 자족적인 다핵중심지로 발전했다. 서울 대도시권은 중심 도시인 서울의 인구가 정체되었지만, 주변 지역은 크게 성장했다. 반면, 부산 대도시권과 대구 대도시권은 중심 도시의 인구는 감소하고, 주변 지역은 성장했다. 대전 대도시권은 중심 도시와 주변 도시 모두가 성장했고, 광주 대도시권은 중심 도시가 성장했는데 주변 지역의 인구감소 현상이 지속되었다. 광역도시권 중심 도시 인근의 일부 지역은 지역의 특화된 기능을 지닌 다핵중심지로 성장하는 모습을 보인다. 이것은 정부의 신도시계획 및 수도권 분산정책에 힘입은 듯하다.

도시 스프롤 현상을 억제하고 지속가능한 도시를 만들기 위한 방안이 다양하게 논의되어왔는데, 뉴 어버니즘(New Urbanism), 콤팩트 시티

(Compact City), 스마트 성장(Smart Growth) 등이 그것이다. 이러한 노력으로 개선되고 있는 지역도 있다.

서울 대도시권은 서울시 내부뿐 아니라 분당, 판교, 동탄 등에서 주거와 산업이 함께 발달해 일부 도시계획가들이 꿈꾸는 다핵 분신형 자족 도시가 자리 잡고 있다. 문제는 지방 도시에서의 스프롤 현상이다. 지방 도시의 문제는 도시 외곽에 택지개발을 통해 아파트 단지, 대형마트 등이 건축되면서 구도심의 인구가 도시 외곽으로 이동하는 도시공동화 현상이 빠르게 진행되고 있다는 것이다.

자족기능을 갖춘 판교 테크노밸리

도시 스프롤의 해소방법은 산업시설을 포함한 자족기능의 강화이다. 사진은 자족기능을 갖춘 강남 대체 신도시 판교의 야간전경이다.　　　　　　　　　　　　　　출처 : 〈조선일보〉

⬡ 지방 도시 소멸위기의 주범, 도시기본계획

국회입법조사처에서 발간한 〈입법·정책보고서 제48호〉(2020. 6)는 삼척, 공주, 정읍, 목포, 문경 등 전국 12개 지방 도시의 쇠퇴원인을 분석했다. 조사 대상 12개 도시 모두 외곽 지역의 신규개발로 인한 원도심의 공동화 및 기능 약화가 도시쇠퇴의 원인으로 지적되었다. 지방 도시에서 원도심은 상업·행정·업무·주거 등 도시의 주요 기능이 집적된 지역이다. 그러나 도시 외곽 지역 개발을 추진하는 과정에서 원도심의 인구 및 주요 기능이 유출되어 원도심의 쇠퇴를 불러온다.

지방 도시에서는 인구감소에도 불구하고 시가화 지역 확대 정책을 고수하고 있다. 실제 지방 도시의 '도시기본계획'을 확인한 결과, 거의 모든 도시가 인구증가에 대비한 도시 개발계획을 수립하고 있다. 이들 도시에서는 계획상의 인구증가를 반영해 개발사업의 규모를 정하도록 되어 있어 불필요한 외곽 개발을 부르고, 그것은 다시 원도심 인구유출의 원인이 되고 있었다.

이런 지방 도시의 문제점은 지방자치제도에서 그 원인을 찾아볼 수 있다. 선거를 통해 선출되는 지방자치단체장들은 도시의 비전과 발전계획을 제시해야 한다. 그래서 도시기본계획 수립 시에 목표 인구수를 높게 잡을 수밖에 없다. 인구목표가 상향된 도시기본계획의 추정 인구수에 따라 그 도시의 주택 공급규모, 공원면적, 교통계획 등이 반영된다. 따라서 도시의 실제 인구가 감소함에도 장래 인구계획에 따라 도시 외곽에 새로운 도시를 건설할 수밖에 없는 구조가 된 것이다.

우리나라의 도시 스프롤의 문제는 지방 도시의 외곽 개발에 따른 구도심의 쇠퇴에 개선의 포인트를 맞춰야 할 것이다. 도시계획 책임자들은 현재 확장 위주로 되어 있는 도시기본계획을 해당 지역의 특성을 고려한 스마트 축소 정책으로 재정비해야 한다. 스마트 축소 전략은 노후하고 쇠퇴된 도시의 특성을 인정하고, 도시에 맞게 덜 개발하고 불필요한 도시 공간을 비우는 도시 개발 방식이다. 도시 축소를 겪고 있는 지방 도시는 구도심을 밀도 있게 재생하고, 외곽의 개발을 억제하는 정책을 수립해야 한다. 그리고 인근 도시와의 기능연계와 네트워크를 통해 다 같이 발전할 수 있는 방안을 모색하는 것이 위기의 지방 도시를 살리는 길이다.

METAVERSE

PART
02

코로나,
디지털이 바꾼 도시

코로나 팬데믹은,

디지털 전환(Digital Transformation)을 앞당기면서,

우리의 생활을 근본적으로 바꾸고 있다.

스마트 워크, 온라인 쇼핑, 구독 경제가 활성화되었다.

지역 밀착형 소셜네트워크가 인기를 누리고,

메타버스에 기반한 실감 경제가 떠오르고 있다.

도보생활권이 강조되고,

거주 공간이었던 집의 기능이 다양화되고 있다.

사람의 움직임이 줄어드는 대신, 물류의 이동은 늘어났다.

도심의 대형 상업시설은 물류 시설로 대체되고,

일정한 구획 안에 다양한 시설의 수요가 증가하고 있다.

도심 내 용도지역은 복합화되고,

새로운 환경에 필요한 공간의 재배치가 진행 중이다.

1

코로나 이후의 도시

도시는 인간이 모여 만든 최고의 창조물이다. 더 나은 삶을 살고자 하는 인간의 상상력에, 최첨단 기술을 조합해 만들어가는 것이 도시이다. 그래서 도시는 지속적으로 성장한다. 각종 첨단 기술로 제어되는 스마트 시티, 자연과 인간이 어울려 만들어진 생태 도시를 비롯해, 창조 도시, 학습 도시, 안전 도시, 공동체 도시 등 도시는 다양한 방향에서 진화하고 있다. 이렇게 도시는 성장과정에서 부침을 겪으면서 발전해왔지만, 최근 코로나 팬데믹으로 인해 지금까지 상상했던 것과는 다른 커다란 변화에 직면해 있다.

앞서도 말했지만, 퓰리처상을 수상한 칼럼리스트 토머스 프리드먼(Thomas Friedman)은 〈뉴욕타임즈〉에 기고한 글에서 "세상은 코로나 팬데믹 이전의 B.C(Before Corona)와 이후의 A.C(After Corona)로 구분될 것이다"라고 주장했다. 코로나가 끝나더라도 우리의 생활은 코로나 이전으로 돌아가기 어려우며, 코로나로 인해 더 효율적이고 생산적인 방식으로 만들어진 게임의 룰이 반영되어, 완전히 달라진 세상, 넥스트 노멀(Normal) 시대가 도래했다고 주장했다.

코로나 팬데믹 이후 우리 사회는, 활발했던 사회적 교류가 줄고, 집에 머무는 시간이 늘어났다. 업무와 생활, 교육과 여가까지 거의 모든 활동을 집에서 하는 것이 가능해졌다. 이를 반영해 생긴 신조어가 '홈 루덴스(Home Ludens)'이다. 놀이하는 인간이라는 의미의 '호모 루덴스(Homo Ludens)'에서 만들어진 말인데, 밖에서 활동하지 않고 주로 집에서 놀고 즐긴다는 의미로 만들어진 단어이다.

◇ 일하는 방식을 바꾼, 스마트 워크

기업들의 업무 방식에도 커다란 변화가 있다. 코로나 팬데믹으로 재택근무가 활성화되고, 스마트폰과 태블릿 등 다양한 스마트 기기가 발달하면서 스마트 워크(Smart Work)가 활성화되었다. 스마트 워크는 IT 기기를 이용해 시간과 장소에 제한 없이 업무를 볼 수 있는 유연한 근무환경을 말한다. 집이나 집과 가까운 스마트 워크 센터에서의 업무가 가능해졌는데, 원격근무와 대면근무의 장점을 살려 메타버스 가상 공간을 사무실로 꾸며 업무 공간으로 활용하는 기업들도 늘어나고 있다.

◈ 주택 기능의 다양화

스마트 워크가 활성화되어 사람들이 집에 머무는 시간이 늘어나면서 집의 기능도 다양화되있다. 재택근무뿐만 아니라 온라인 수업, 온라인 쇼핑, 운동 등 생활패턴이 주로 집에서 이루어지기 때문이다. 예전에는 거주와 휴식의 공간에 한정되었던 집의 기능이 업무와 학습의 공간뿐 아니라 홈트레이닝, 홈카페, 홈시네마 등 운동과 여가, 위생과 안전의 공간으로 다양하게 진화했다. 이렇게 집의 기능이 다양화하면서 택배 보관, 살균, 옥외 공간 등 새로운 기능을 위한 공간 수요가 증가하고, 주택 내 1인당 사용면적도 늘어났다. 이에 따라 공기의 유입과 배출, 살균을 고려한 환기시스템 개선과 주택 입구에 소독시설이나 주택 외부에 배송물품을 보관할 수 있는 택배보관 공간까지 다양한 시설들이 주택설계에 반영되고 있다. 또, 주택에 장기간 체류하면서 우울감이나 무기력증을 이겨내기 위한 주택 내 오픈스페이스의 니즈(Needs)도 증가하고 있다.

◈ 15분 생활권 구현

코로나 팬데믹 이후 집에서 근무하거나 집 주변의 스마트 워크 센터를 이용하는 등 집이 생활의 중심이 되고 있다. 그래서 최근 중요시되고 있는 개념이 바로 '생활권'이다. 생활권은 지역주민들이 일상생활을 영위하는 데 있어 행정구역에 구애됨이 없이 출퇴근, 통학, 쇼핑, 여가 등 일상생활을 영위할 수 있는 범위를 말한다. 최근 많은 도시에서 15분 생활권이 강조되고 있는데, 그 대표적인 도시는 프랑스 파리이다.

부산광역시 15분 생활권 도시

15분 생활권 도시는 이동을 최소화하고, 생활권 내에서 일상생활이 가능한 도시이다. 최근 부산광역시가 15분 생활권 도시 추진을 선언했다.　　　　　　　　　　　　　　　출처 : 부산광역시

안 이달고(Anne Hidalgo) 파리 시장의 정책공약은 '생태를 중심으로 평등과 연계성, 그리고 15분 내 근거리 서비스에 기반한 살기 좋은 도시 만들기'라고 한다. 프랑스 파리는 시민 누구나 15분 안에 걷거나 자전거 등을 이용해 교육·문화·의료·공공시설을 이용할 수 있는 인프라를 구축했다.

우리나라에서 15분 생활권은 부산광역시가 선도하고 있다. 부산광역시는 시민 누구나 15분 안에 교육·의료·공원·문화시설 등을 지역과 세대 차별 없이 이용할 수 있는 도시를 만들겠다는 포부를 발표했다. 부산광역시가 추구하는 것은 '15분 내 일상생활이 가능한 생활권을 보장하고 그린 스마트 시티, 보행자 중심의 탄소중립 전환 도시 기반을 구축해 시민 행복 도시'를 만드는 것이다.

메타버스 시티

최근에는 이런 추세를 반영해, 같은 지역을 기반으로 한 소셜미디어가 부각되고 있다. 우리나라의 당근마켓이나 미국의 넥스트도어가 대표적인데, 이는 특정 지역을 대상으로 주민 간 신뢰를 기반으로 한 폐쇄적인 소셜미디어이다. 이들은 이웃 간의 비즈니스 거래를 비롯해, 구인과 구직, 일자리 공유, 봉사활동 등 지역소통의 장이 되고 있다.

▢ 물류의 이동이 늘어나다

코로나 팬데믹 이후 소비 패턴은 오프라인에서 온라인으로 급격하게 변화하고 있다. 전통적인 오프라인을 통한 생활필수품 구입은 온라인으로 전환되었고, 택배물량은 큰 폭으로 증가했다. 택배배송의 방식도 대면 방식에서 비대면 방식으로 변화했을 뿐 아니라, 택배요금의 증가, 음식물 주문 시 별도의 배송물류비를 지급하는 등 배달 시장이 빠르게 진화하고 있다. 이렇게 코로나 팬데믹은 그동안 저평가되었던 물류 관련 서비스가 우리의 실생활에서 얼마나 중요한 산업이었는지 증명하는 계기를 만들어주었다.

온라인 시장이 활성화되고, 생활물류 서비스의 영향력이 증가됨에 따라 오프라인 산업은 침체되고, 도심 내 대형 상업시설의 판매는 감소 추세에 있다. 기업들은 이런 변화에 뒤처지지 않기 위해 관련 시설을 새로운 용도로 전환하고 있다. 도심 내 대형 백화점이나 마트 등의 일부 공간을 물류 관련 시설로 전환하거나, 시설 전체를 물류 거점으로 바꾸는 것이 대표적인 예이다. 도심의 오프라인 매장은 그 입지가 매우 양호해서 물류 거점으로 활용하기에 용이하기 때문에 이를 온라인용으로 활용하는 것은 당연한 결정일 것이다. 업체들은 기존 오프라인 매장의 일부 공간을 '풀필먼트 서비스(Fulfillment Service)'나 '다크 스토어(Dark Store)'를 위한 공간으로 전환하기도 한다. 풀필먼트 서비스는 물류 전문업체가 판매자의 위탁을 받아 보관, 포장과 배송, 재고관리, 교환·환불 등 물류를 일괄 대행하는 서비스이고, 다크 스토어는 온라인 상품만을 포장·배송하는 도심 내 물류 거점이다.

🔲 도심 공간의 패러다임 전환

코로나 팬데믹은 기존 도심 공간에 대한 패러다임 전환을 요구한다. 비대면 의사결정 방식의 확대, 리모트 워크 확대로 인한 전통적 사무 공간의 위축, 식당 등 소규모 자영업자의 폐업, 대중교통수단의 위기와 오프라인 산업의 쇠퇴가 그것이다.

도심 내 대형 상업시설이 고전을 면치 못하고, 호텔 등 대형 숙박시설의 활용도도 떨어지고 있다. 지하철이나 시내버스 등 대중교통의 승차인원도 감소했다. 사회적 거리두기로 식당이나 유흥업소 등의 매출은 급감하고 있다. 리모트 워크, 재택근무 등으로 대면활동은 급격히 감소했다. 반면에 비대면 생활물류의 활성화로 도심 내 물류 시설에 대한 수요는 지속적으로 증가하고 있다.

물류의 이동이 늘어나고 사람의 이동이 감소할수록 도보생활권이 활성화된다. 도보로 이용할 수 있는 범위 내에 다양한 편의시설이 필요해지면서, 동일한 공간에 다양한 용도의 시설을 수용할 수 있는 복합시설의 필요성도 증대되었다.

또한 도심 내 수요가 감소하는 시설에 대한 용도전환도 함께 검토되고 있다. 도심에 위치한 대형 상업시설이나 호텔, 오피스 등을 온라인 배송을 위한 물류 시설, 공유오피스, 청년주택, 공유숙소 등으로 전환했거나 검토하고 있는 것이 그러한 추세를 반영하고 있는 것이다. 대형건축물의 잔여 공간을 헬스장, 의료기관, 소매점 등으로 활용하고, 팬데믹에 대비해 헬스케어센터로 활용하는 방안도 검토 중이다.

도보생활권의 활성화로 공원이나 녹지의 중요성도 재조명되고 있다. 코로나 팬데믹으로 인해 보다 많은 사람들의 접근성 향상이 공원 조성의 포인트가 되었다. 하천이나 폐선로를 활용한 선형공원은 어디서나 접근이 가능해 도심에서 최적의 휴식 공간이다. 공원의 네트워크화도 중요하다. 기존 공원과 선형공원, 자연녹지들이 서로 연결된 네트워크공원은 생활권 도시에서 매우 중요한 공간이 될 것이다.

⬡ 용도지역제의 개선 필요

도보생활권의 활성화를 위해 가장 필요한 것이 현행 용도지역제 (Zoning)의 개선이다. 앞서 언급했지만 도보로 이용할 수 있는 범위 내에 다양한 용도의 시설을 동시에 수용하기 위해서는 복합용도가 필요하기 때문이다.

용도지역제는 도시 내 토지 이용의 합리화를 위해 주거 지역, 상업지역, 공업 지역 등 토지의 용도를 구분해 이용목적에 부합되지 않으면 건축행위를 규제하는 제도이다. 탈산업화와 산업의 스마트화, 서비스화로 도심 내에도 제조업 입지가 가능해졌다. 지하 공간을 이용한 도심 농업도 가능하다. 직주근접을 요구하는 젊은 인재는 도심 내부에서 거주할 수 있는 공간을 찾고 있다. 이러한 여건변화는 도심 내 건물과 토지의 용도 결정에 있어서 보다 유연한 변화를 요구하고 있다.

그런데, 현재의 용도지역제는 도시의 기능을 과도하게 분리해 불필요한 교통을 유발하고 도심공동화를 초래하고 있다. 15분 생활권을 구현하기 위해서는 도심에 복합용도지구의 지정이 필요하다. 복합용도지구는 친환경적 도시 개발과 토지 이용 가치의 상승을 위해서도 필요하다. 도심에 상업시설뿐 아니라, 주거와 물류, 의료와 다양한 편의시설이 복합 배치된다면 직주근접을 통한 '15분 생활권'은 구현될 수 있을 것이다.

팬데믹은 도시민의 생활과 도시의 형태를 바꾼다. 도시는 좁은 공간을 고밀 개발해 집합적 생활을 하며 발전해왔고, 질병은 인간의 집합적 생활을 먹이로 변형과 번식을 거듭해왔다. 코로나 팬데믹은 도시의 최대 장점인 과밀과 작별하는 방향으로 진화할까? 우리는 그렇게 가지 않을 것이라 확신한다. 도시는 더 나은 방향, 인간의 삶을 윤택하게 하는 방향으로 진화할 것이다. 왜냐하면 도시는 가장 혁신적인 인간의 창조물이기 때문이다.

2

주거지 중심의 생활권,
하이퍼로컬

◇ 텍사스 대한파, 시민을 구한 영웅

온화한 기후인 미국 중남부에 겨울 폭풍이 몰아닥치면서 기록적인 한파와 폭설로 대규모 정전 사태가 발생했다. 2021년 2월 셋째 주, 남부 텍사스주는 30년 만에 최저기온을 기록했다. 겨울에도 영상 10도 이상을 유지하던 텍사스주의 기온이 영하 20도까지 떨어진 것이다. 1989년 이래 약 30년 만의 최저기온이었다. 430만 가구가 정전되었고, 삼성전자 오스틴 반도체 공장과 GM, 포드, 도요타 공장의 가동이 중단되어 수조 원의 손실이 발생했다. 이 지역은 30여 년 동안 폭설이 내린 적이 없었고 제설기조차 구하기 힘든 곳이라 폭설 피해가 더욱 컸다.

지방자치단체의 웹사이트가 마비된 상태에서 주민들은 제설도구와 음식, 휘발유를 구하느라 큰 혼란을 겪었다. 이때 사람들을 구해준 것은

사막의 땅이라 불리던 텍사스 지역에 2021년 30년 만에 한파가 찾아와 교통이 마비되고, 공장 가동이
중단되는 등 큰 피해를 입었다.   출처 : 게티이미지뱅크

다름 아닌 지역 SNS '넥스트도어(Nextdoor)'였다. 넥스트도어를 통해 사
람들은 이웃들과 식료품을 나누거나, 물이나 난방기구를 구하기도 하
고, 커뮤니티를 통해 대피소로 이동하는 정보를 공유하기도 했다. 그해
2월 셋째 주 텍사스 지역 게시물 수는 전주보다 471% 증가했고, 지원
을 요청하거나 도움을 줬다는 내용의 대화가 400% 이상 증가했다고
한다. 그야말로 최악의 재난에서 넥스트도어가 주민을 구한 영웅이 된
것이다.

넥스트도어는 2011년 미국에서 서비스를 시작한 지역밀착형 소셜
네트워크 서비스(SNS) 기업이다. 구글과 메타, 트위터 등 다른 SNS들이
세계를 무대로 하는 것과는 달리 넥스트도어는 '동네화'를 추구한다.

이러한 지역 밀착형 서비스를 '하이퍼로컬(Hyperlocal)'이라고 부르는데, 이는 지역 내에서도 생활반경을 아우르는 아주 좁은(Hyper) 지역(Local)을 뜻한다. 그런데 최근 하이퍼로컬의 인기가 치솟고 있다. 코로나 팬데믹이 장기화되면서 오프라인 기반의 생활권이 동네 중심으로 변화했고, 동네 중심의 플랫폼 경쟁이 치열해지는 데 원인이 있다.

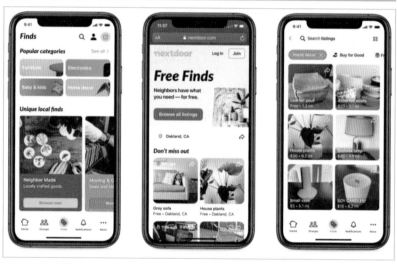

미국의 지역 기반 소셜미디어 넥스트도어

미국판 당근마켓인 넥스트도어는 이웃과 소통하고 지역소식, 생활정보를 공유하는 미국의 대표적인 지역 기반 소셜미디어이다.

출처 : 넥스트도어 홈페이지

◇ 지역의 재발견, 동네 생활권

'슬세권', '15분 도시'로 표현되는 '동네 생활권'의 중요성이 강조되고 있다. 슬리퍼 차림과 같은 편한 복장으로 카페나 편의점, 도서관, 쇼펑몰 등의 편의시설을 사용할 수 있는 주거권역을 '슬세권'이라고 한다. '15분 도시'는 이동을 최소화하고 생활권 내에서 일상생활이 가능한 도시를 말한다. 두 가지 용어 모두 기본적인 생활수요가 충족 가능한 동네 생활권을 지칭한다.

코로나 팬데믹의 장기화로 재택근무, 온라인 쇼핑, 구독 경제 등 생활패턴이 변화해서 대부분의 사람들이 거주지 생활권에 머물러 있는 시간이 증가했다. 동네의 거리와 공원에서 산책하고, 개성 있는 가게에서 외식하며, 대부분의 생활용품은 편의점에서 해결한다. 동네 생활권의 정착은 편의점의 역할을 확대시키고 매출을 신장시켰다. 과거 인스턴트식품 위주의 판매에서 간편식, 과일, 채소, 정육 등의 식품 비중을 늘리고 있고, 서비스 측면에서도 택배업무, 세탁 서비스, 공과금 납부는 물론, 여성과 아동학대 신고센터 등 공적 업무를 하는 곳도 있다.

◈ 가속화하는 슬세권 경제

동네 생활권의 확대가 실제 데이터로 확인되고 있을까? 산업통상자원부 '2021년 연간 주요 유통업계 매출동향'에 따르면 2021년 주요 유통업체 매출은 오프라인의 매출 비중이 51.7%, 온라인 매출이 48.3%로 나타났다. 2020년의 경우 오프라인 53.5%, 온라인 46.5%이었으니 오프라인은 감소했고, 온라인은 증가한 것이다. 매출증감률은 전년 대비 오프라인이 7.5% 상승, 온라인이 15.7% 상승했다.

관심을 끄는 것은 편의점 매출의 약진이다. 오프라인 매출 51.7% 중, 편의점의 매출 비중이 15.9%가 되었는데, 이는 대형마트 매출 비중 15.7%를 처음으로 추월한 것이다. 2020년까지만 해도 오프라인 매출 비중 53.5% 중 편의점은 16.6%, 대형마트는 17.9%이었다. 지역에 기반한 편의점의 매출 비중이 늘어나고 이동이 필요한 대형마트의 비중이 줄었다는 것은 본격적인 생활권 경제에 진입했다는 것을 의미한다. 이렇게 동네 생활권이 정착되면서 지역을 기반으로 한 커뮤니티의 필요성이 증대된다. 여기에 집중한 업체가 바로 당근마켓이다.

⬡ 하이퍼로컬 1위 당근마켓

"혹시, 당근이세요?" 아파트 단지나 주택가 근린공원에서 자주 목격하는 장면이다. 나에게는 필요하지 않고 버리기는 아까운 물품을 인근 주민에게 판매할 때 이용하는 하이퍼로컬 커뮤니티가 바로 '당근마켓'이다. 거주지 6km 이내 좁은 지역에서만 거래가 가능한 당근마켓은 최근 애플의 앱스토어와 구글 플레이스토어에서 소셜 카테고리 부문 1위에 올랐다. 페이스북, 인스타그램, 트위터, 카카오톡, 네이버밴드 등 쟁쟁한 경쟁자를 물리치고 모바일앱 양대 마켓에서 1위를 차지한 것이다. 이것은 2,200만 명 이상의 가입자를 보유한 당근마켓이 지역사회에 기반한 진정한 하이퍼로컬 서비스로 안착했다는 증거이다.

당근마켓이 하이퍼로컬의 선두주자로 성장한 가운데, 네이버도 같은 동네 이웃과 소통할 수 있는 서비스인 '이웃톡'을 출시했다. 같은 지역에 사는 이웃 주민들과 맛집이나 지역 정보 등을 교류할 수 있는 공간이다. 네이버는 지난 18년 동안 축적해온 수백만의 이용자와 스마트스토어 등과 연계해 하이퍼로컬 서비스 시장에서 우위를 점하겠다는 포부이다.

재능거래 서비스도 생겼다. 알바몬이 새로 론칭한 '긱몬'은 지역기반 재능 서비스이다. 긱몬은 동네사람끼리 수수료 없이 재능거래를 하는 시스템인데, 타로점을 봐주거나, 반려견을 돌봐주거나, 쇼핑에 대한 의견을 나누거나 하는 등 신뢰를 바탕으로 한 서비스이다.

부동산 플랫폼 직방의 서비스 영역은 아파트 내 입주민을 대상으로

국내 하이퍼로컬 업체와 서비스		
구분	내용	세부 서비스
당근마켓	• 동네 기반 중고 거래 • 지역 기반 소셜미디어 앱	• 이웃 간 중고거래 • 지역 내 상권 편의시설 공유
네이버	• 네이버 카페 기반 커뮤니티 • 서비스 '이웃톡' 출시	• 동네 맛집·상점 추천 • 지역 궁금증 해소
알바몬	• 동네 생활권 기반 재능공유 • '긱몬'	• 옷 골라주기 • 타로 점 봐주기 • 반려견 산책 등
미고	• 지역 기반 생활편의 대행	• 구매 대행 • 짐 옮기기, 택배 찾기 • 분리수거 서비스
직방	• 아파트 입주민 편의 서비스 • '우리집', '컨시어지'	• 전자투표 • 관리비 납부 등 입주민 서비스

한다. '우리집', '컨시어지' 등의 기능을 추가했는데, 아파트 내 입주민들을 대상으로 관리비 납부, 입주민 전자투표 등을 지원하는 서비스이다.

'미고'는 생활편의를 대행해주는 서비스이다. 요청자가 시간을 정해주면 매니저가 집을 방문해서 재활용 분리수거를 해주거나, 짐 옮기기, 택배 찾기 등 지역주민의 편의 서비스를 제공하고 있다.

⬨ 하이퍼로컬이 부르는 쾌적한 생활권 도시

유통업체 매출 비중 자료에서 보듯이 코로나 팬데믹으로 온라인 시장이 급성장하고 있다. 그러나 오프라인 시장의 비율은 여전히 50%가 넘는다. 하이퍼로컬을 기반으로 한 오프라인 비즈니스에도 희망이 있음을 보여주는 대목이다. 비대면 소통의 확산과 결제 도구의 발전 등은 하이퍼로컬 서비스를 다양화시킬 것이다. 여기에 원격근무, 일과 삶의 균형을 추구하는 워라밸(Work-life Balance), 직주일체 등을 중시하는 MZ세대로 인해 하이퍼로컬은 더욱 발전할 것이다.

삶의 중심이 된 동네를 머물고 싶은 곳으로 만들기 위해 어떤 노력을 해야 할까? 지역 안에서 일자리를 구할 수 있고, 필요한 활동을 가능하게 하며, 쾌적한 주거환경을 만들어야 한다. 인구감소를 겪고 있는 지방 도시라면 상업과 주거를 도심에 집중시키고 도심의 환경을 개선해서 생활권 도시로 변신해야 한다. 어느 곳에 살아도 도보나 자전거로

15분 내에 도시의 인프라를 이용할 수 있도록 도시를 재설계해야 한다. 이런 생활권 도시가 구현되면, 불필요한 자동차의 운행이 줄어들게 된다. 자동차의 운행감소를 통해 불필요한 비용 지출을 줄이고, 탄소 배출을 감소시켜 지속가능하고 쾌적한 도시를 만들어가야 한다.

3

다양해진 집의 기능,
레이어드 홈

전 세계를 뒤흔들고 있는 코로나 팬데믹은 많은 신조어를 만들어냈다. '코로나 블루', '확찐자', '어퍼웨어' 등이 코로나로 만들어진 신조어이다. '코로나 블루'는 이 중에서도 더욱 부각되는 단어이다. 코로나 19와 우울감(Blue)이 합쳐져 만들어졌다고 하는데, 코로나 19가 유행하면서 일상의 커다란 변화로 인해 생긴 무기력증, 우울감 등을 의미한다. 코로나 팬데믹이 2년 이상 지속되면서 최근에는 '코로나 레드', '코로나 블랙' 등의 신조어가 계속 생성되고 있다. 코로나로 인한 우울감이 짜증과 분노로 진행되고, 나아가 좌절과 암담함으로까지 발전하고 있다는 것이다.

지난 2020년 10월, 건강증진개발원에서 발표한 코로나 블루와 관련된 설문조사는 그 심각성을 알려준다. 전국 만 20세에서 65세 이하의 성인 남녀 1,031명을 대상으로 조사했는데 전체 응답자의 40.7%가 코로나 블루를 경험했다고 한다. 여성이 51%로 남성보다 많았는데, 주요 원인은 코로나로 인한 '고립감과 감염우려', '실직에 대한 두려움', '운동부족' 등의 순서였다. 코로나 블루를 어떻게 대처하는지에 대해서도 물었는데, 응답자의 46.2%가 가벼운 운동과 산책을 신택했고, 30.7%가 집에서 할 수 있는 새로운 취미 개발을, 11%는 소셜미디어를 통한 소통을 선택했다.

코로나가 만든 플랫폼 '집'

코로나 팬데믹 이후 거의 모든 생활이 집 위주로 이루어지고 있다. 재택근무, 줌(ZOOM)을 통한 화상수업, 온라인 쇼핑, 운동과 게임, 각종 취미활동 등 그동안 외부에서 이루어지던 다양한 활동들이 집에서 이루어진다. 또, 코로나 감염위험이 있을 경우에는 자가 격리, 치료 등 의료공간으로의 기능까지 요구된다. 삶에서 집의 가치가 상승되었음을 증명하는 것이다.

집에서의 생활이 많아지면서 그에 따른 신조어도 늘어나고 있다. '어퍼웨어(Upperwear)'는 재택과 관련된 신조어이다. 재택근무를 하는 사람들이 화상회의나 온라인 교육 중에 화면에 보이는 상의(Upper)만을 신경 써서 입고, 보이지 않는 하의는 운동복 등 편한 옷을 입는 것을 빗댄 신조어이다. '확찐자'는 집에 머무는 시간이 길어지고, 활동량이 감소하면서 체중이 급격하게 증가된 사람을 비유한다. 이런 신조어는 집 위주의 생활을 비유적으로 표현하고 있지만, 앞으로 집의 기능과 공간 구성에 대한 변화가 필요하다는 것을 말해준다.

그동안 집은 외부로부터 보호를 받거나 생활과 휴식의 장소로서의 역할이 대부분이었다. 공간 역시 침실과 거실, 주방과 욕실이 그 기본 구성요소였다. 그러나 최근 코로나 팬데믹의 장기화로 집은 오피스와 학습, 쇼핑과 관람, 취미와 운동, 헬스케어 등 다양한 기능의 생활 공간으로의 변화를 요구받고 있다.

◇ 더 필요한 주거 공간은 '취미, 휴식, 운동 기능'

온라인 부동산 플랫폼인 직방이 지난 2021년 3월에 실시한 설문조사 결과에서는 현재의 집에 어떤 기능이 추가되어야 하는지 알려준다. 직방은 자사 어플리케이션 이용자를 대상으로 코로나 팬데믹으로 인한 환경변화를 감안할 때 주거 공간에서 더 필요한 내부 기능에 대한 설문 조사를 실시했다. 1,517명이 참여한 이 설문에서, 전체의 47.9%가 현재보다 더 필요한 주거 공간으로 '취미, 휴식, 운동 기능'을 지목했다. 홈트레이닝, 홈카페, 홈바 등이 취미, 휴식, 운동 기능을 위한 대표적인 공간이다. 다음으로는 15.4%가 방역, 소독, 환기 기능이 필요하다고 답변했고, 14.6%가 업무 기능을, 8.9%는 유대감 형성을 위한 공간을 선택했다. 연령에 따라 조금의 차이가 있었는데, '취미, 휴식, 운동 기능'은 전 연령대에서 1위를 차지했지만, 20~40대는 2순위로 '업무 기능'을 지목한 데 반해, 50~60대는 '방역, 소독, 환기 기능'을 2순위로 선정했다. 기타 의견으로는 학습 공간과 요리를 위한 공간 등이 있다. 코로나 팬데믹의 영향으로 집에 머무는 시간이 늘어남에 따라 '쾌적성'을 중시하는 수요와 '여유 공간'을 늘리려는 수요가 증가하고 있다는 것을 보여준다.

🔷 집의 변신, 레이어드 홈

'레이어드 홈(Layered Home)'은 서울대 소비자학과 김난도 교수가《트렌드 코리아 2021》에서 '2021년 10대 트렌드' 중 하나로 꼽은 개념이다. 여러 가지의 옷을 겹쳐 입는 패션용어를 '레이어드 룩(Layered Look)'이라고 하는데, 레이어드 홈은 집에 이 개념을 도입해 만든 신조어이다. 집의 기본적인 역할에 일과 여가, 놀이 등 새로운 기능을 켜켜이 추가한 레이어처럼 새로운 변화를 주어 집의 기능을 다양화한다는 의미를 가지고 있다. 코로나 팬데믹으로 집에 거주하는 시간이 늘어나면서 거주와 휴식 공간으로만 인식되었던 집에 새로운 기능을 부여하고자 하는 바람에서 탄생한 개념인 것이다.

레이어드 홈의 형태는 세 가지로 구분되는데, 그것은 기본 레이어, 응용 레이어, 확장 레이어이다. '기본 레이어(Basic Layer)'는 집의 본래 기능을 강조한 개념으로 식사, 수면, 휴식 등 집의 기존 기능을 고급화하는 현상을 말한다. 침대나 냉장고 등 가전과 가구를 업그레이드하는 데 과감하게 비용을 지불하는 것이 기본 레이어의 대표적인 현상이다.

'응용 레이어(Additional Layer)'는 그동안 집 밖에서 수행하던 활동들을 집 안으로 가져오는 것을 뜻하는 개념으로 집을 헬스장, 카페나 영화관처럼 꾸미는 등 새로운 기능을 추가하는 것이다.

마지막 '확장 레이어(Expanding Layer)'는 집의 기능이 집에서만 이루어지지 않고 집 근처, 동네로 확장되며 상호작용하는 것을 지칭한다. 집 근처에 24시간 편의점이 있다면 집에서 이용하는 것처럼 필요한 것

레이어드 홈은 거주와 휴식이라는 집의 기본 기능에 새로운 기능을 중첩해 새롭게 변화한 집의 개념이다.

출처 : 대한민국 정책브리핑(www.korea.kr)

들을 바로 구매할 수 있다. 이처럼 집에는 없지만 집 근처에서 마음대로 이용할 수 있는 편의점, 빨래방 등 편의시설들까지 모두 집의 개념에 포함시키는 것이 확장 레이어이다.

세 가지 형태 중 코로나 팬데믹 이후 가장 주목받고 있는 것은 응용 레이어드 홈이다. 이것은 '새로운 공간의 확보'와 '솔루션화'가 가장 중요한 포인트이다. 기존에는 요구하지 않던 사무와 학습, 쇼핑, 취미와 운동, 영화관람 등 집 안에서 새로운 활동을 위한 공간이 요구되기 때문이다. 새로운 공간의 대표적인 예는 '알파룸'이다. 알파룸은 집주인의 취향과 수요에 맞춰서 서재, 트레이닝룸, 홈카페, 취미룸 등 다양한 공간으로 재탄생할 수 있다. 그 밖에 발코니에 다양한 기능을 추가할 수 있다. 그동안 발코니를 확장해서 주거 공간을 넓히는 것이 큰 붐을 일으켰지만 최근의 경향은 발코니를 두고 이를 다양하게 활용하는 추세이다.

만약 새로운 공간 확보가 어렵다면 새로운 솔루션의 도움을 받는 '솔루션화'가 응용 레이어드 홈에서 중요시하게 대두된다. 대표적인 것이 '스마트 미러'인데 스마트 미러를 장착하면 인바디를 통해 체성분 측정과 결과를 확인하고, 그에 대한 솔루션을 제공받을 수 있다. 또한 외출 시 의류코디, 피부진단 및 가상메이크업도 가능하다. 헤드라인 뉴스, 스마트 액자 등으로도 활용할 수 있다.

레이어드 홈의 형태		
구분	개념	세부 내용
기본 레이어	집의 기존 기능 고급화 (수면, 휴식, 식사)	휴식을 위한 가전, 가구 수요 증가 고가 명품 가구 등 거주 고급화 식물을 이용한 집 가꾸기 확산
응용 레이어	집의 다기능화 (취미, 쇼핑, 근무 등)	홈카페, 홈짐, 홈오피스 알파룸 : 취향에 따른 변신 공간 발코니를 이용한 홈캠핑 등
확장 레이어	집 근처, 인근 동네로 확장해 상호작용	역세권보다 슬세권 다양한 공간의 주상복합아파트 선호 편의점, 밀키트, 당근마켓 인기

◇ 다기능으로 진화하는 집

초고속 통신망의 발달로 업무 및 화상회의 등 중요한 사항에 대한 의사결정이 가능해졌다. 출퇴근으로 인한 시간낭비와 자동차 운행으로 인한 환경오염도 줄일 수 있다. 발코니를 내부 공간화하는 발코니 확장도 줄어들고 있다고 한다. 전문가들은 코로나 블루 등 정신건강을 위해 별도의 발코니를 활용하거나, 옥상이나 개방형 옥외 공간을 조성하는 등 주택 내 오픈스페이스를 만드는 것을 조언한다.

병원균으로부터 집을 보호하는 공간도 필요하다고 한다. 주택 외부에 배송물품을 보관할 수 있는 택배보관소를 위한 공간이나 주택 입구에 살균을 위한 에어커튼 등을 설치하는 공간도 필요할 것이다.

우리나라에서의 집은 거주를 위한 가치보다 투자를 위한 가치를 우선시해온 것이 사실이다. 사람들은 재건축 등 투자 가치를 위해서 좁고

열악한 환경의 집에서 거주하는 고생을 마다하지 않았다. 그러나 코로나 팬데믹으로 인해 집의 거주 가치가 부각되고 있고, 기능에 따라 진화를 계속하고 있다. 이런 변화가 거주 가치보다 투자 가치를 우선시하던 우리의 문화까지 바꿔놓기를 기대해본다.

4

일하는 방식의 전환, 스마트&리모트 워크

◇ 리모트 워크 3D 채용박람회

2021년 11월에 다소 이색적인 온라인 채용박람회가 열렸다. '2022, 일의 미래, 리모트 워크 3D 온라인 채용박람회'가 그것이다. 박람회에 참석하려면 자신의 메일을 박람회에 등록한 후, 박람회 기간 중 등록된 메일로 참가신청을 하면 입장할 수 있다. 채용박람회에 참가한 사람들에게는 리모트 워크 우수기업 22개의 3D 부스가 온라인상에서 보이게 된다. 참가자들이 관심 있는 기업을 선택하면 온라인 부스에 입장이 가능하다. 회사의 정보를 확인하고 실시간 채팅, 이메일, 화상면접 등을 통해 구직도 가능하다. 행사의 일환으로 진행된 컨퍼런스에서는 리모트 워크 기업의 운영과 조직문화 등에 대한 소개도 진행되었다. 미국의 IT 기업 오토매틱(Automattic)의 니콜라 헤밀 필립스(Nicola Hamill Phillips) 글로벌 HR 리더는 '89개국의 1,800명이 원격으로 협업과 소통하는

법'을 주제로 가장 효율적인 소통, 협업, 성과 측정 방법을 발표하기도
했다. 이제 리모트 워크가 무엇인지 자세히 알아보자.

개인의 스타일에 맞춰 다양한 공간에서 자유롭게 일하는 리모트 워크 3D 온라인 채용박람회가 메타버스
공간에서 열렸다.　　　　　　　　　　　　　　　　　　　　　　　　　출처 : Flexwork

◇ 리모트 워크는 무엇인가?

'리모트 워크(Remote Work)'는 사무실이 아닌 다른 곳에서 자유롭게
일하는 근무 방식을 말한다. 최근 기업이나 공공기관 등에서 활발하
게 도입하고 있는 '스마트 워크'의 일종이다. 지정된 장소와 자리에 매
일 같은 시간에 출근해서 일하는 대신 자신이 원하는 곳에서 원하는 시
간에 일하는 방식이다. 리모트 워크는 다양한 형태로 존재한다. 코로나
팬데믹 이후 증가했던 재택근무, 다양한 분야의 사람들이 한 공간에 모
여 협업하는 '코워킹 스페이스(Coworking Space)', 그리고 장소에 상관없

이 정보통신기기를 이용해 일하는 디지털 유목민 '디지털 노마드(Digital Nomad)' 등이 그 형태이다. 미국 캘리포니아 실리콘 밸리에서 시작된 리모트 워크의 목적은 유능한 기술인재 확보였는데, 실제로 효과를 거두었다고 알려져 있다.

리모트 워크의 본질은 비대면(Untact)이다. 리모트 워크는 우리나라에서도 이미 일반적인 업무 방식으로 자리 잡았는데, 2년 이상 코로나 팬데믹을 겪으면서 대부분의 기업들이 리모트 워크를 통한 업무의 효율성과 생산성 상승을 경험했기 때문이다.

⬦ 리모트 워크의 성공사례, 오토매틱

창립 후 현재까지 16년 동안 전 직원이 리모트 워크로 일하는 회사가 있다. 웹사이트의 제작도구인 '워드프레스'를 운영하고 있는 미국의 IT기업 오토매틱이다. 2005년 직원 20명으로 창립, 16년이 지난 현재 전 세계 92개국에 1,800명 이상의 직원을 보유한 회사로 성장했다. 이들 1,800명의 직원 모두 리모트 워크로 일한다. 오토매틱의 창업자 맷 멀런웨그(Matt Mullenweg)는 회사 창립 전에 오픈소스를 기반으로 한 설치형 블로그 워드프레스를 만들었고, 이것이 유명해진 후에 회사를 설립했다. 워드프레스가 오픈소스를 기반으로 하기 때문에 회사도 오픈소스로 운영할 수 있었다고 한다.

오토매틱의 직원은 전 세계에서 선발되고, 전 세계에서 근무하고 있다. 직원 선발 시에는 회사의 기준에 맞는 인재의 선발을 위해 까다로운 채용시스템을 거친다고 한다. 채용된 직원들에게는 작은 단위로 업무를 배분하고 이에 대한 맞춤형 피드백을 통해 업무의 몰입도와 성취도를 높이고 있으며, 이러한 일련의 과정들을 통해 리모트 워크가 정착되었다고 한다.

미국의 IT업체 오토매틱은 전 세계 92개국에서 1,800명 이상이 리모트 워크로 일하고 있다.

출처 : 오토매틱 홈페이지

오토매틱이 말하는 리모트 워크의 장점

오토매틱이 리모트 워크를 통해 성장한 비결은 무엇일까? '리모트 워크 3D 온라인 채용박람회'에서 오토매틱사의 글로벌 HR 리더는 "긴 시간 동안 일관성 있게 구축한 조직문화, 직원 간의 커뮤니케이션과 팀 문화가 오토매틱의 성공 비결"이라고 말했다. 오토매틱에는 회사 내부의 모든 자료가 들어 있는 P2가 있다. P2를 이용해 모든 직원이 자료를 찾고 의견을 입력하며 피드백을 받을 수 있다. P2는 조직의 투명성을 의미한다. 팀 리더와 양방향 피드백을 하고 그 자료는 HR부서에 제출해 팀과 개인의 성장에 활용하도록 하고 있다.

오토매틱의 CEO인 멀런웨그는 TED 강의에서 "지역에 묶여 있으면 작은 연못에서 낚시하는 것이지만, 리모트 워크를 할 경우 드넓은 바다에서 낚시하는 것"이라고 말했다. 전 세계에서 우수한 직원을 채용할 수 있는 것이 리모트 워크의 가장 큰 장점이라는 것이다. 리모트 워크는 대규모 사무실을 유지하지 않아 임대료, 관리비 등 최소한의 고정비만 소요된다. 절감된 비용을 직원의 복리후생에 사용한다. 그래서 직원들의 워라밸 만족도가 높아 이직률이 낮다. 오토매틱은 리모트 워크의 단점에 대해서도 관심을 갖고 있다. 사회적 동물인 인간이 느끼는 고립감과 개인의 성장 한계 등이 그것이다. 이런 문제는 리더를 통한 1 : 1 세션의 정례화, 피드백 문서의 HR부서 제출, P2를 통한 오픈의 협업문화 조성 등을 통해 충분히 해소할 수 있다고 주장한다.

메타버스 시티

◇ 스마트 환경과 스마트 워크

디지털로 업무 환경이 전환되고, 코로나 팬데믹이 장기화되면서 리모트 워크와 같은 스마트 워크가 새로운 업무의 트렌드로 자리 잡고 있다. 코로나 팬데믹으로 주거 중심의 생활권이 정착되고, ICT 기술의 발달로 인해 많은 기업들이 새로운 근무 형태와 업무 방식을 도입하고 있다. 자택에서 자율적으로 근무하는 재택근무를 하거나, 기업에서 곳곳에 설치한 스마트 워크 센터 중 자택과 가까운 곳을 선정해 근무하기도 한다. 최근에는 메타버스 가상오피스를 활용하는 경우도 있다. 메타버스 가상오피스는 3D로 구축된 메타버스 오피스를 디지털상에 설치하고, 아바타를 통해 출근하는 방식이다. 아바타가 메타버스 가상오피스에 입장하면 자리에 앉아 일도 하고, 대화를 나누며, 회의실에 모여 회의도 할 수 있다. 이 방식은 실제 근무와 리모트 워크의 장점만을 결합한 스마트 워크 근무 방식이다.

◇ 모두에게 유익한 스마트 워크

스마트 워크는 직원이나 고용주 모두에게 유리한 근무 방식이다. 직원들의 입장에서는 출퇴근 과정에서의 시간과 비용을 줄일 수 있다. 유연한 근무시간 활용으로 일과 삶의 균형을 유지할 수 있고 업무의 몰입도를 높일 수 있다. 고용주 입장에서도 사무실 유지비, 임대료 등 고정비용을 절감할 수 있다. 장소에 상관없이 우수한 인재를 확보할 수 있고, 굳이 모이지 않아도 다양한 전문가를 소집해 ICT 기술을 이용한 빠른 의사결정도 가능하다. 스마트 워크는 지속가능한 도시 조성에도 영향을 준다. 외곽에서 도심으로 들어오는 차량운행의 사회적 비용감소와 탄소 배출을 줄여 쾌적한 도시 환경을 유지할 수 있기 때문이다.

세상은 더욱 복잡해지고 빠르게 변화한다. MZ세대가 조직의 핵심인력으로 부각되고 있다. 스마트 워크는 단순히 일하는 방식을 바꾸는 것에 그치지 않고 '일'에 대한 정의와 인식 자체를 바꾸고 있다. 변화에 둔감한 조직은 생존의 위기에 직면한다. 스마트 워크는 조직원들과의 공유와 이해가 중요하다. 이것이 전제되지 않으면 스마트 워크는 결코 성공하지 못할 것이다.

5

물류 이동이 늘어나다, 라스트 마일&풀필먼트

통계청 자료에 의하면, 2021년 온라인 쇼핑 거래액은 192조 8,946억 원으로 전년 대비 21.0% 증가한 것으로 나타났다. 2018년 온라인 쇼핑 거래액은 113조 7,297억 원이고, 2019년 18.3%, 2020년에는 19.1%로 지속적으로 상승해왔다.

특히 휴대전화 등 모바일 기기를 활용한 쇼핑 거래액은 2021년에 138조 1,951억 원으로 전년보다 27.6% 늘었다. 모바일 쇼핑 거래액은 2020년 24.5%, 2019년에는 25.5% 증가했다. 2018년 모바일 쇼핑 거래액은 69조 950억 원이었던 것을 고려하면 불과 3년 만에 2배로 성장한 결과이다. 2021년 온라인 쇼핑 거래액을 상품군별로 구분해보면, 서비스 분야 37%, 식품 26.7%, 가전 24.4% 등에서 증가했다. 서비스 분야는 여행 및 교통, 문화 및 레저, E쿠폰, 음식 서비스 등이 있다.

2020, 2021년 상품군별 온라인 쇼핑 거래액 및 구성비

단위 (억 원, %)	2020년 온라인		2021년 온라인		전년비 온라인		구성비 온라인	
	전체	모바일	전체	모바일	전체	모바일	전체	모바일
합계	1,594,384	1,082,659	1,928,946	1,381,951	21.0	27.6	100	100
가전	254,877	141,423	317,186	187,192	24.4	32.4	16.4	13.5
도서	35,024	17,503	38,243	19,706	9.2	12.6	2.0	1.4
패션	455,356	280,494	497,192	331,633	9.2	18.2	25.8	24.0
식품	258,925	187,164	327,989	243,148	26.7	29.9	17.0	17.6
생활	228,137	158,232	270,141	186,727	18.4	18.0	14.0	13.5
서비스	323,629	274,110	443,494	392,320	37.0	43.1	23.0	28.4
기타	38,435	23,733	34,702	21,255	-9.7	-10.6	1.8	1.5

◇ 물류 프로세스 수익성의 핵심은 라스트 마일

온라인 쇼핑 비중이 2021년 우리나라 전체 소매 거래액의 27%를 넘어섰다. 코로나 팬데믹 이후 비대면 소비가 눈에 띄게 늘어난 것이다. 이에 따라 소비자들의 배송에 대한 요구 수준은 어느 때보다 높아졌다. 최근 기업들은 이와 같은 소비자의 요구에 대응하기 위해 앞다투어 라스트 마일 딜리버리(LMD, Last-Mile Delivery)를 도입하고 있다. '라스트 마일'은 물류 업체가 상품을 개인에게 직접 전달하기 위한 배송의 마지막 구간을 뜻한다. 업체들이 라스트 마일에 집중하는 것은 무엇보다 수익성 확보를 위해서이다.

물류 프로세스는 일반적으로 집화, 분류, 터미널 간 화물운송, 소비자에게 배송의 4단계로 나눠진다. 집화는 각 지역에서 발송된 화물을 화물터미널에서 접수한 상태이다. 분류는 터미널에 집화된 화물을 각 지역 중간 물류 센터로 보내기 위해 화물을 분류하는 작업이다. 터미널 간 화물수송은 분류된 화물을 중간 물류 센터까시 배송하는 작업을 밀한다. 마지막 단계가 최근 업체들이 수익성 확보를 위해 역량을 집중하고 있는 라스트 마일이다. 이 단계는 물류 업체가 화물을 최종목적지인 소비자에게 전달하는 단계로서 물류의 마지막 구간이다.

비즈니스 인사이더 '인텔리전스'에 따르면, 라스트 마일에서 소요되는 비용은 전체 물류비용 중 53%를 차지한다고 한다. 이는 집화 4%, 분류 6%, 터미널 간 화물수송 37%에 비해 매우 높다. 이 구간은 배송 단계 중 가장 비효율적이며 비용 리스크가 가장 큰 구간인 것이다. 주소 오기 등으로 인한 반송, 배송 과정에서의 분실이나 물품의 파손 등이 모두 비용을 수반하기 때문이다. 반대로 이 구간을 효율적으로 운영하면 곧바로 이익으로 연결된다. 뿐만 아니라 이 구간이 소비자와의 만남이 이루어지는 최고 접점이므로 소비자의 라이프 스타일과 소비패턴에 대한 빅 데이터를 확보해 향후 전략수립에도 도움을 준다. 앞으로 온라인 쇼핑, 특히 모바일 쇼핑의 규모가 더욱 커질 것이기 때문에 라스트 마일에 대한 경쟁은 더욱 치열해질 것이다.

15분 배송으로 알려진 '퀵커머스(Quick+Commerce)'의 등장으로 이커머스 시장의 경쟁은 더욱 치열해지고 있다. 이것은 그동안 인기를 구가했던 도심 내 대형 상업시설의 몰락을 의미한다. 코로나 팬데믹과 디지털 전환 앞에 핵심 상권 입지를 바탕으로 성장해온 도심의 대형 상업시설의 입지적 강점은 상대적으로 축소된 것이다. 업체들은 도심 내 대형 매장을 리뉴얼하면서 매장면적을 줄이고 그 자리에 온라인 배송시설을 늘리고 있다.

◇ 통합물류 시스템, 풀필먼트 서비스

우리나라의 이커머스 시장은 지속적으로 성장하고 있다. 그 성장의 원인은 무엇보다도 기업들 간의 치열한 서비스 경쟁과 혁신의 노력에 있다. 로켓배송, 샛별배송 등 기업 간의 치열한 경쟁이 가능하게 한 요인 중 하나는 풀필먼트 서비스이다.

'풀필먼트(Fulfillment)'는 아마존에서 처음 사용했는데, 판매자의 위탁을 받아 상품의 배송과 포장, 재고관리는 물론, 반품과 교환까지 물류의 전 과정을 대행하는 물류 대행 서비스이다. 아마존 프라임배송이 성공한 이면에는 차별화된 풀필먼트 서비스가 있었다. 이는 전통적인 택배물류에서의 이행단계인 집화, 분류, 터미널 간 화물수송의 단계를 없애고 풀필먼트 센터에서 바로 고객에게 배송하는 시스템으로 배송시간을 획기적으로 줄인다는 장점이 있다. 이를 위해 도시 외곽에 대규모 풀필먼트 센터가 필요하다. CJ 대한통운에서 운영 중인 곤지암 메가허브 풀필먼트 센터는 축구장 16개 규모인데, 상시적으로 다양한 상품을 보관해 판매량 폭증에 대비하고 있다. 풀필먼트 센터 옆에 설치된 메가

허브 터미널은 하루 170만 개의 상자 분류가 가능한 아시아 최대의 택배허브 터미널이다.

전통적인 물류와 풀필먼트 서비스 비교

● 전통적인 물류 서비스

주문 → 보관 센터 → 택배 Sub 터미널 → Hub 터미널 → 택배 Sub 터미널 → 소비자

● 풀필먼트 서비스

주문 → 풀필먼트 센터 (위탁, 보관, 포장, 배송, 재고관리, 교환·환불) → 택배 Sub 터미널 → 소비자

🗌 고객에게 보이지 않는 매장, 다크 스토어

일반고객은 받지 않고 배달원만 출입하는 배송 전문 매장을 '다크 스토어(Dark Store)'라고 부른다. 전자상거래 등으로 고객이 주문한 상품을 일단 보관해두는 도심 내 소규모 물류 거점이다. 오프라인 매장이지만 실제 상품을 팔거나 방문 고객을 받는 가게는 아니다. 다크 스토어의 또 다른 이름은 'PP센터'이다. PP센터는 고르고(Pick) 포장한다(Packing)는 의미로 온라인 주문이 들어오면 직원이 물건을 고르고 포장하는 곳이다. 마이크로 풀필먼트 센터(MFC, Micro Fulfillment Center)는 풀필먼트 센터에서 더욱 진화한 다크 스토어의 일종이다. 보다 빠른 서비스를 원하는 소비자가 증가함에 따라 인구가 밀집한 도심 한복판에 설치한 도

심형 물류 센터이다. 도시 외곽에 대형으로 입지한 기존 물류 센터의 한계를 극복하기 위해 탄생했는데, 당일 배송 등 신속한 서비스의 제공이 가능하다. 도심의 경우 대규모 물류 창고의 설치가 어렵기 때문에 사무실 내 공간, 시내의 기존 대형 매장의 일부 공간, 차고, 주차장, 지하실 등 도심의 작은 공간을 활용해 설치하고 있는데, 수요가 지속적으로 증가하고 있다.

다크 스토어

이마트가 만든 다크 스토어 PP센터이다. 매장의 일부를 개조해 고객들의 온라인 주문에 대응하고 있다.

출처 : 이마트

디지털 전환과 코로나 팬데믹으로 사람의 이동은 줄어든 반면 물류의 이동은 획기적으로 증가했다. 이커머스 시장의 폭발적인 수요와 소비자의 빠른 배송 욕구에 맞춰 도심 내 물류 시설의 증가는 지속될 것이고, 소량배송의 증가로 도심 내 물류 시설이 소규모로 분산 배치될

메타버스 시티

것이다. 배송수단도 발달하고 있다. 배송용 드론, 자율주행 물류 차량 등 라스트 마일 모빌리티(Last Mile Mobility)가 활성화되고, 지하물류터널 등 물류 혁명으로 인한 도시의 공간 변화도 기대된다.

6

경험과 실감 기술의 가상융합,
실감 경제

판교에 위치한 4년 차 스타트업체인 뉴메틱은 2020년 12월 '엘리네 여행일기(Ellie's Travel Diary)'라는 인터랙티브 게임을 출시했다. '엘리네 여행일기'는 여행과 체험을 동시에 할 수 있는 관광 체험형 VR게임으로, 코로나 시대 해외여행을 갈망하는 이들의 갈증을 풀어주고 있다는 평가를 받는다.

이용자는 엘리라는 소년과 그의 가족이 되어 공항에서 비행기를 타고 한국에 입국해 서울의 경복궁, 남산타워, 잠실 한강공원, 수원 화성 등 한국의 유명관광지를 가상으로 즐길 수 있다. 미니어처 형태의 조형물과 캐릭터로 만들어진 다양한 한국의 관광명소는 현실감이 느껴진다.

게임은 국내 관광명소를 생동감 넘치는 미니어처로 구성했으며, 미니어처 명소들과의 상호작용도 가능하도록 만들었다. 국궁 체험, 투호

놀이 등도 즐길 수 있고, 정조대왕 능 행차, 경복궁 수문장 교대 등을 눈앞에서 체험함은 물론, 한강공원에서 음식을 배달할 수도 있어 이용자의 관심도를 극대화할 수 있게 했다.

관광명소에서 현장 견학과 타종을 직접하는 등 이용자의 관심을 끄는 엘리네 여행일기

출처 : 뉴메틱 홈페이지

◇ 실감 콘텐츠와 실감 기술

우리나라의 실감 콘텐츠 기술은 세계 최고라는 평가를 받는다. 실감 콘텐츠(Immersive Content)란 인간의 오감을 극대화해 실제와 유사한 경험을 제공하는 디지털 콘텐츠를 말한다. 가상현실(VR), 증강현실(AR), 혼합현실(MR, Mixed Reality)부터 넓게 보면 프로젝션 맵핑, 인터랙티브 미디어, 홀로그램 등도 이에 포함된다고 한다. 최근 실감 콘텐츠가 주목받는 것은 게임산업을 넘어 제조와 건설, 교육, 국방·의료·문화 등

산업 분야 전반에 적용할 수 있기 때문이고, 이를 통해 산업 생산성을 높이고 삶을 풍요롭게 해준다.

실감 콘텐츠의 기반 기술을 포괄하는 개념이 실감 기술이다. 실감 기술은 가상현실과 증강현실을 포괄하는 기술로 실감나게 확장된 현실을 창조한다고 해서 확장현실(XR, eXtended Reality)이라고도 한다. 정부에서는 이를 가상융합 기술이라고도 하는데, 글로벌 컨설팅업체 PWC는 실감 기술, 즉 가상융합 기술(XR)이 2025년 4,764억 달러(약 534조 원)의 경제적 파급효과를 창출할 것으로 전망했다. 우리 정부는 '가상융합경제 발전전략'을 통해 2025년 경제 효과 30조 원 달성 목표를 수립하기도 했다.

실감 경제

다양한 실감 기술을 통해 듣고 보고 만질 수 있는 초실감 가상현실 세계를 구현하고 경험할 수 있다.

출처 : 삼성전자 리서치 센터

메타버스 시티

◈ 실감 기술과 실감 경제

실감 기술은 인간의 오감을 극대화해 실제와 유사한 체험을 가능하게 하는 차세대 기술이다. 실감 기술은 가상과 현실이 실감 있게 공존하고 소통할 수 있는 '매개체' 역할을 하기 때문에 향후 산업 전반에서 유용하게 활용될 수 있으며, 이를 통해 경제성장에 기여할 수 있는 미래 기술이다.

실감 경제(Immersive Economy)는 실감 기술을 활용해 경제활동 공간이 현실에서 디지털 가상 세계까지 확장되어 새로운 경험과 경제적 가치를 창출하는 경제를 뜻한다. 실감 경제는 제조산업은 물론, 콘텐츠산업, 도시 전체에 걸친 변화를 가져올 것이다.

◈ 경제의 발전단계와 실감 경제

조지프 파인(Joseph Pine)과 제임스 H. 길모어(James H. Gilmore)가 1998년에 공저한 《경험 경제(The Experience Economy)》란 책에서는 경험 경제라는 용어와 함께 경제 가치의 진화에 대한 내용을 설명하고 있다. 경제 가치는 농업 경제, 산업 경제, 서비스 경제, 경험 경제순으로 진화한다. 산업혁명 이전의 경제를 우리는 농업 경제 시대라고 부른다. 이때는 밀가루, 설탕 등 가공하지 않은 재료 자체로 운영되는 시기였다. 산업 경제는 산업화 이후 대량 생산 중심의 제품으로 운영하는 경제이다. 대량 생산이 가능해짐에 따라 서비스의 중요성이 강조되는 시기가 서비스 경제이다. 제품보다 서비스의 가치에 의해 가격이 올라가는 구조의 경제체제를 갖춘 시기이다.

서비스 경제 이후, 새로운 경제 가치로 부각된 것은 소비자의 경험이다. 이 시기를 경험 경제의 시기라고 한다. 경험 경제는 소비자들이 단순히 상품이나 서비스를 받는 것에 끝나지 않고 상품의 고유한 특성에서 가치 있는 경험을 하게 되면 개인화된 경험에 높은 지불의사를 가지고 있으므로 이에 맞는 제품과 서비스를 제공하는 것을 말한다.

지난 20년 동안 지배하던 경험 경제의 시대가 실감 경제라는 새로운 개념으로 진화하고 있다. 경험 경제가 시간과 공간의 측면에서 확장되어 만들어진 경제개념이 바로 실감 경제이다.

경제 패러다임의 진화					
구 분	농업 경제	산업 경제	서비스 경제	경험 경제	실감 경제
대상	농산품	제품·재화	서비스	경험	실감 기술
특징 속성	대체 가능, 자연물질 추출	유형성, 표준화, 대량생산	무형성, 소비자맞춤	감동적 체험, 개인 느낌	경험 영역 확장, 물리 + 사이버
소비 동기	모양, 성질	특색, 사용 가능	소비자 편익	감각, 가치	시·공간 해소, 새로운 경험
활용 예시	커피 원료 재배	커피 제조	제품별 커피 맛	전문 매장에서 편안한 휴식과 최고급 제품	메타버스에서 전 세계 커피의 시음과 구매

* 《경험 경제》(1998) 내용을 저자가 추가·재구성

메타버스 시티

⬡ 실감 경제의 성장

실감 경제는 실감 기술을 이용해 현실과 가상현실이 융합된 새로운 산업, 사회, 문화석 가치를 창출하는 경세이다. 과거에는 실감 기술의 활용은 게임, 엔터테인먼트 등 체험 콘텐츠에 그쳤으나, 최근에는 실감 기술이 새로운 산업의 혁신을 이끌 기술로 부각되면서 산업의 전 분야, 경제 전반의 생산성 향상과 새로운 부가가치를 창출하는 경제활동으로 확장되고 있다. 비대면의 일상화로 발전하고 있는 메타버스와 같이 디지털 네이티브로 불리는 MZ세대를 중심으로 '실감 경제(Immersive Economy)'는 더욱 빠르게 산업 전반으로 확산되고 있다.

메타버스의 활용으로 인한 실감 경제는 국가와 기업 등 그 영역을 확장해 다양하게 성장하고 활용된다. '인천크래프트'는 인천광역시와 마이크로소프트가 손잡고 진행한 프로젝트이다. 마인크래프트 속 인천의 모습을 재현한 가상 공간에서 인천광역시를 체험할 수 있도록 했다. 강화 고인돌, 인천공항, 인천대교, 송도 센트럴파크, 인천시청 등 인천의 주요 시설을 볼 수 있도록 했고, 광고마케팅용으로도 활용하고 있다.

가구업체 이케아와 명품기업 구찌는 메타버스 서비스로 실감 경제를 실현하고 있다. 이케아는 '이케아플레이스'에서 2,000여 개의 이케아 가구를 원하는 공간에서 자유롭게 대비해볼 수 있도록 했다. 구매도 가능하다. 구찌 역시 매장에서 판매하는 신발을 가상으로 착용해볼 수 있도록 메타버스 가상 공간을 만들었다.

인천크래프트

잠성단

답동성당

차이나타운

월미공원

센트럴파크

인천크래프트는 가상의 인천광역시를 만들어 온라인으로 누구나 자유롭게 여행하고, 체험할 수 있도록 만든 마인크래프트 내 인천광역시 맵 이름이다.　　　　　　　　　출처 : 인천광역시, 마인크래프트

　실감 기술은 의료계에도 진입했다. 의료진이 메타버스 시스템을 활용해 VR 안경을 쓰면 뇌종양 수술을 앞둔 환자의 수술 부위 위에 가상 증강현실로 종양 위치가 나타나 정교한 수술을 가능하게 한다고 한다. 이 밖에 외상 후 스트레스 등 정신질환 치료에도 사용되고 있다.

　실감 경제의 환산은 산업의 발전과 더불어 사회의 혁신을 가속화할 것이다. 개인과 기업, 정부에서 이에 대한 적극적인 대응이 필요하다. 정부에서는 메타버스와 실감 기술을 기반으로 한 실감 경제 활성화를 위한 가상융합경제 발전전략을 발표한 바 있다. 주요 내용은 2025년 가상융합경제 선도국가를 실현하겠다는 것이다. 경제사회 전반으로 실감 기술을 확산시키고, 실감 기술 인프라를 확충하고 제도를 정비한다는 계획이다. 이를 통해 2025년까지 매출액 50억 원 이상의 전문기업 150개를 육성함으로써, 2025년에는 실감 기술의 경제효과 30조 원을 달성하고, 글로벌 5대 선도국에 진입한다는 발전전략이다.

7

메타버스 시대,
새롭게 요구되는 공간 수요

디지털 전환과 코로나 팬데믹은 사람들의 일상생활을 변화시켰다. 재택근무로 도보생활권이 중요시되고, 온라인 상거래가 소비 시장의 주축으로 성장하면서 도심 내 물류 시설이 증가하고 배송수단은 다양화되었다. 스마트 산업의 성장으로 첨단산업단지의 도심입지가 가능해졌다.

플랫폼 산업도 활성화되었는데, 이것은 다수의 생산자와 소비자가 연결되어 상호 작용하며 가치를 창출하는 산업 생태계이다. 산업 간의 경계가 무의미해지고, 네트워크의 중요성이 증대되었으며, 플랫폼 시장을 선점한 사업자의 영향력이 더욱 강력해졌다. 교통수단의 발달로 다양한 모빌리티가 등장함에 따라 관련 시설이 도시 공간에 반영되고 있다. 이렇게 생활 여건의 변화는 새로운 도시 공간을 요구하고 있다. 그렇다면, 미래에 새롭게 부각되는 도시 공간은 어떤 것이 있을까?

⬡ 새로운 도심 이동수단을 위한
모빌리티 허브(Mobility Hub)

모빌리티(Mobility)란 전통적인 교통시스템에 IT·첨단 기술을 적용해 효율성과 편의성을 개선한 것을 말한다. 최근 모빌리티를 통해 새로운 시장이 창출되고 있다. 이에 따라 도시 공간의 필요성도 증가한다. 자동차와 대중교통에 첨단 기술을 장착한 자율주행기술이 상용화되고 있다. 수직 이착륙이 가능한 개인 항공기 UAM(Urban Air Mobility, 도심형 항공 모빌리티), 전동킥보드로 대표되는 개인형 이동장치 PM(Personal Mobility) 등 신개념 이동수단이 속속 등장하고 있다. 이들 교통수단은 새로운 공간을 요구한다. 예를 들어 UAM은 다수의 일반 승객이 누구나 이용할 수 있는 이착륙 장소가 필요하다. 이착륙 장소 외에도 대합실, 탑승장, 상업시설은 물론, 보수와 충전을 위한 시설도 필요하다.

특히 새로운 교통수단은 이용하기 편리한 도심에 입지하는 것이 적합하다. 기존의 교통수단과 환승하기 쉬운 공간이 될 것으로 보이는데, GTX, KTX와 연결된 미래형 스마트 환승 체계를 구현한 공간 조성이 필요하다. 중요거점 지역에 스마트 복합 환승 센터가 만들어지면 지하에는 고속과 일반철도 승강장과 공공·상업시설 등이 배치되고, 지상에는 공원 등 시민의 휴식 공간과 새로운 모빌리티를 위한 공간으로 구성되어 도시의 새로운 중심지인 모빌리티 허브가 될 것이다.

모빌리티 허브

미래의 모빌리티 UAM, PBV(Purpose Built Vehicle, 목적 기반 모빌리티), KTX 등 기존 모빌리티를 모두 이용할 수 있는 모빌리티 허브가 도시 공간에 필요하다.　　　　　　　　　　　　출처 : 현대자동차

도시 내 제조업을 위한 소규모 첨단산업단지

코로나 팬데믹은 글로벌 가치사슬의 불안을 초래했다. 공급망 붕괴로 전 세계가 물류난을 겪으면서 미국 등 선진국 위주로 기업들의 리쇼어링이 증가했다. 리쇼어링(Reshoring)은 해외로 진출했던 기업이 다시 본국으로 돌아오는 현상이다. 인건비, 운송비 등 제조비용을 줄이기 위해 해외로 진출했던 기업들이 해당 국가에서의 문화적 이질성, 비용효과 감소 등에 직면하면서 본국으로 회기를 결정한 것이다. 리쇼어링은 3D 프린터, 인공지능, 로봇기술 등을 앞세운 스마트 공장의 성공에도 원인이 있다. 3D 프린팅 기술로 생산 공정이 압축되어 차지하는 공간이 줄어들었고, 환경오염 방지에 대한 기술발달로 제조업의 도심 진출

이 가능해졌기 때문이다.

스포츠용품업체로 유명한 독일의 아디다스는 중국과 동남아로 공장을 이전한 지 23년 만인 2018년 자국으로 공장을 이전했다. 로봇과 3D 프린터로 조성된 스마트 공장인 '스피드 팩토리(Speed Factory)'를 건설했기 때문이다. 우리나라에서의 리쇼어링의 사례는 많지 않지만 앞으로 국내 시장의 산업자동화와 3D 프린팅 기술의 발전에 따라 국내 회귀, 특히 도심의 회귀현상은 빨라질 것으로 예측하고 있다.

대부분의 산업단지를 도시 외곽에 새롭게 조성하던 과거와는 달리, 기업들은 도심 내 노후산업단지를 리모델링해 스마트 공장을 입주시키고 있다. 디지털 전환이 이 현상을 더욱 앞당겼다. 기업 경쟁력이 개인의 취향에 맞는 제품을 만들고 소비자에게 즉시 공급하느냐에 달려 있기 때문이다. 제조업과 유통업 간의 구분이 모호해진 것도 원인이 된다. 앞으로 도심 내에 기존 산업단지를 소규모 첨단산업단지로 개조하거나, 산재되어 있는 지식산업센터를 기능적으로 연결시킨 네트워크 산업입지가 증가할 것이다. 미래의 산업입지는 대부분 도심에 입지하게 될 것이다.

⬡ 늘어나는 물류 이동, 새로이 요구되는 시설

산업 간의 경계가 허물어지고 산업 생태계가 대전환을 맞이하면서
물류 산업도 새로운 기회에 직면해 있다. 진에 없던 새로운 환경과 기
술, 새로운 고객과 시장 진입자가 생기면서 새로운 비즈니스와 그에 따
른 시설물이 필요하게 되었다. 풀필먼트 센터, 다크 스토어 등의 물류
시설이 그것이다. 코로나 팬데믹과 디지털 전환으로 온라인 유통이 크
게 늘어나면서 도심 내 대형 상업시설들은 일부 매장을 도심형 물류 시
설인 풀필먼트 센터나 온라인 배송 물류 거점인 다크 스토어로 리모델
링했다. 풀필먼트는 물류 일괄 대행 서비스로 물류 전문업체에 재고관
리와 입출고 등 거의 모든 물류 업무를 위탁하는 비즈니스를 말한다.
또, 다크 스토어는 고객에게 온라인 주문 상품을 신속히 배달하기 위해
서 운영하는 도심의 소규모 물류 거점을 말한다.

최근 시장이 수요자 중심의 온 디맨드(On-Demand) 체제로 변화되면
서 소비자가 원하는 상품을 원하는 시간과 장소에 배송하기 위해서는
도심 내 물류 시설의 수요가 증가했다. 기업들은 기존 오프라인 매장을
이런 시설들로 대체하고 있는데, 오프라인 매장으로 활용하던 상업시
설들은 거의 모두 접근성이 뛰어난 도심에 위치하고 있어, 빠른 배송의
전진기지로 활용하기에 매우 용이하기 때문이다.

도심 내 물류 시설과 연계해 도시 외곽에 대규모 부지를 매입해 메가
허브 물류 센터를 건축하는 기업들이 늘고 있다. 이들 시설이 완공되

면, 늘어나는 택배 물량을 메가 허브 물류 센터에 모아 처리하는 '허브 앤 스포크(Hub & Spoke)' 배송 체계를 강화시킬 수 있다. 메가 허브 물류 센터는 수백 대의 화물차가 동시에 상하차 작업을 할 수 있고, 인공지능 솔루션을 통해 화물을 자동으로 식별하도록 설계되고 있다고 한다. 차세대 택배운영 플랫폼은 거대한 시설 내에서 다양한 작업들이 효율적으로 통제되도록 도와준다.

아마존 닷컴의 성공은 물류 서비스가 얼마나 중요한 가치인지를 보여준다. 우리나라에서도 물류 이동이 더욱 증가되는 시기임을 고려해 우수한 물류 서비스를 정착하는 노력을 경주하고 있다. 향후 물류와 관련된 다양한 시설물과 설비, 이를 운영할 솔루션에 대한 투자가 더욱 늘어날 것으로 전망된다.

허브 앤 스포크

'CJ 옥천 허브'의 물류 배송작업. 허브 앤 스포크 방식은 차량 운영 비용 및 상품 분류, 보관, 배송 등 택배 서비스 전반에 드는 비용을 크게 절감하고 있다.

출처 : CJ

⬦ 도시 농업 스마트 팜

농림축산식품부에서 발표한 우리나라의 식량자급률은 2020년 45.8%이다. 1980년 69.6%이었는데, 불과 40년 만에 23.8%가 감소한 것이다. 심각한 것은 쌀을 제외하면 10.2%에 불과하다는 것이다. 이렇게 낮은 식량자급률과 농촌고령화는 우리의 미래를 어둡게 한다. 도시 농업인 스마트 팜이 그 대안으로 떠오르는 것도 이 때문이다. 도시 농업은 도시의 다양한 공간을 활용해 식물을 재배하고 생산물을 즉시 공급하는 농업활동이다. 스마트 팜은 정보통신기술(ICT)을 활용해 시간과 공간의 제약 없이 농작물을 재배할 수 있는 농업기술이다. 최근 이를 위한 도시 공간의 필요성도 증가하고 있는 것은 다행한 일이다. 식량 자급률을 높여 식량 안보에 기여하고, 생산자와 소비자가 같은 도시에 거주하기 때문에 신선하고 안전한 제품의 제공이 가능하고, 포장과 운송 과정에서 에너지 소비를 줄여 탄소 저감에도 기여하기 때문이다.

지하철역, 지역상가 등 도심 빈 공간, 건물옥상 등 도시 내 유휴 공간에서 고부가가치 작물을 생산해 시내 지역에 즉시 유통하는 장점도 있다. 메트로 팜은 서울시와 서울교통공사, 팜에이트(주)가 국내 최초로 지하철에 설치한 스마트 팜 복합공간으로 상도역, 충정로역 등 5개 역사에 설치해 인공지능을 이용한 파종·관리·재배·수확을 하고 있다. 지하상가를 통째로 스마트 팜으로 바꾼 곳도 있다. 3호선 남부터미널역과 연결된 지하상가인데, 옛 진로종합유통 건물 지하 공간으로 상권이 쇠락해 10년 넘게 공실이었다. 이같이 도시농업은 도시재생뿐 아니라 도시인의 정신적인 풍요와 삶의 질 향상을 위해서도 유익하다.

스마트 팜은 정보통신기술을 활용해 '시간과 공간의 제약 없이' 원격으로, 자동으로 작물을 생육하고 최적의 상태로 관리하는 과학 기반의 농업 방식이다.

출처 : 더 바이어

스마트 워크를 위한 거점오피스, 공유오피스

스마트 워크가 일상화되면서 업무 환경에 대한 사람들의 인식도 바뀌고 있다. 인크루트에서 직장인 790명을 대상으로 상시 재택근무에 대한 설문조사를 실시했다. 그 결과, 92.1%가 상시 재택근무가 필요하다고 응답했다. 응답자들은 상시 재택근무의 필요사유가 출퇴근시간 절감(21.4%), 업무생산성 향상(18.6%), 삶의 질 향상(9.6%), 자유로운 근무지 선택(8.8%), 육아와 가사, 업무의 병행(5.8%)순이었다. 최근 기업들은 스마트 워크 추세에 발맞춰 업무 환경을 바꾸고 있다. 이에 따라 새로

메타버스 시티

운 공간들이 생겨나고 있는데, 대표적인 장소는 거점오피스이다. 거점오피스는 거주지 근접한 곳에 업무가 가능하도록 스마트하게 만든 업무 공간이다. 출퇴근으로 인한 낭비와 전염병 감염위험을 줄이면서 업무 효율성을 높일 수 있는 것이 장점인데, 직원들은 회사가 아닌 주거지에서 가까운 거점오피스로 출근할 수 있다.

거점오피스와 함께 '공유오피스'도 생겨나고 있다. 공유오피스는 말 그대로 하나의 사무실을 여럿이 공유하는 형태다. 일정 기간 업무 공간을 제공해주는 것을 포함해 월 단위, 하루, 혹은 시간제로도 대여가 가능하다. 공유오피스의 일종으로 '코워킹 스페이스(Coworking Space)'도 인기 있는 공간이다. 다양한 분야에서 일하는 사람들이 한 공간에 모여 협업하는 공간인데, 이들이 공간 안에서 자연스러운 접촉과 커뮤니케이션을 통해 공간뿐 아니라 지식과 노하우의 공유까지 이룰 수 있다는 장점이 있다. 코워킹(Coworking)은 지식정보 시대에 어울리는 업무형태로, 오픈 마인드를 가진 사람이라면 누구나 협업하고 지식과 경험을 공유할 수 있는 것이 특징이다. 공유오피스에서는 학부모 근로자가 자녀와 같은 공간에서 독립적으로 업무를 수행할 수 있도록 시간제로 자녀를 돌보는 서비스를 운영하는 등 더욱 다양한 방향으로 발전하고 있다.

◇ 메타버스를 위한 데이터 센터

데이터 센터는 컴퓨터, 네트워크, 스토리지, 그리고 비즈니스 운영을 지원하는 기타 IT 장비가 위치하는 중앙집중식의 물리적 시설이다. 데이터 센터 내 컴퓨터는 비즈니스 크리티컬 애플리케이션, 서비스, 데이터를 포함하거나 지원하는 서버의 호텔이다. 과거의 데이터 센터는 서버를 보관하고 관리하는 역할에 그쳤지만, 최근에는 서버에서 발생하는 데이터를 신속하게 처리하는 것이 중요한 경쟁력으로 부각되고 있다. 특히 가상현실과 증강현실 등을 포함한 메타버스와 인공지능 등 새로운 기술의 등장으로 데이터 생성량이 폭발적으로 증가하고 있고, 빠른 데이터 전송 속도도 요구되고 있다.

데이터 센터 리츠 시장도 급성장하고 있다. 데이터 센터 리츠는 고객에게 데이터 캐비닛을 임대해주고, 관련한 서비스 이용료로 이익을 창출하는 비즈니스이다. 주로 IT·클라우드 기업, 금융 회사, 이커머스 회사 등이 임차한다. 건물의 외형은 일반적인 물류 센터와 비슷하지만,

마이크로소프트 데이터 센터

MS가 자사 데이터 센터 내부를 최초로 공개했다. 데이터 센터는 전 세계 60여 곳에 있는데 특급 보안 시설로 관리된다.　　　　　　　　　　　　　　　　　　　　　출처 : 마이크로소프트

　　　　　　　　　　　　　　　　　　　메타버스 시티

내부는 캐비닛이 배치된 전산실과 이를 지원하기 위한 설비 공간으로 나뉜다. 이런 원인으로 주요 기업들은 도심지 안에 데이터 센터를 확보하고 있고, 그 규모도 커질 것으로 예상된다.

METAVERSE

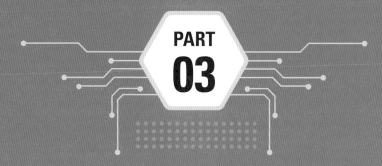

도시 속에 들어온
메타버스

메타버스는 현실 세계와 같은 다양한 활동이 이루어지는
3차원의 가상 세계이다.

지속가능한 디지털 세상을 위한 기반은 메타버스 생태계이다.
메타버스 생태계는 인프라, 플랫폼, 콘텐츠로 구성된다.

디지털 트윈은 도시에 기여하는 메타버스 기술이다.
현실 공간 정보를 가상 세계에 구현해 결과를 예측하고,
확보된 데이터를 현실 세계에 적용해서 문제점을 개선한다.

메타버스의 성공조건은 공간 정보 기술이다.
공간 정보는 모든 공간에 존재하는 물체를 전자화해
3차원 모델로 구현한 정보 자원이다.

프롭 테크는 부동산 서비스와 첨단 IT 기술이 결합된 신산업이다.
VR, AR 등 메타버스 기술을 적용해 전자계약, AI 매물 추천·평가,
빅 데이터 기반 자산관리 등에 유용하다.

ESG는 지속가능한 스마트 시티의 조건이다.
친환경, 안전과 건강, 거버넌스는 지속가능한 도시를 만든다.

새롭고 강력한 플랫폼, 메타버스

지금은 메타버스 시대이다. 불과 얼마 전까지만 해도 4차 산업혁명에 집중했던 세계는 최근 등장한 새롭고 강력한 플랫폼 '메타버스'에 열광하고 있다. 게임이나 엔터테인먼트 시장에서 벗어나지 못할 것이라는 초기의 예상을 뒤엎고, 메타버스는 생활과 관광, 문화예술, 교육, 의료, 제조, 도시 분야 등 거의 모든 분야에서 새로운 플랫폼으로 자리 잡고 있다.

메타버스가 처음 사용된 것은 1992년이다. 미국의 SF 작가 닐 스티븐슨(Neal Town Stephenson)의 장편소설 《스노 크래시(Snow Crash)》에서 소설 속 등장인물들은 '아바타'라는 가상의 신체를 빌려야만 가상 세계인 '메타버스'에 들어갈 수 있다.

앞서 말했듯, 메타버스는 초월, 가상을 의미하는 '메타(Meta)'와 우주, 세계를 의미하는 '유니버스(Universe)'의 합성어로 3차원 가상 세계를 뜻한다. 아직까지 메타버스라는 개념의 뚜렷한 정의는 확립되지 않았지만, '현실 세계와 같은 사회적·경제적 활동이 통용되는 3차원의 가상 공간'의 의미로 사용되고 있다. '현실을 디지털 기반의 가상 세계로 확장시켜 가상의 공간에서 모든 활동을 할 수 있게 만드는 시스템' 혹은 '가상과 현실을 융합하고 시·공간을 초월해 현실 경험을 확장하는 기술' 등으로 정의하기도 한다.

⬡ 메타버스의 네 가지 유형

미국의 기술연구단체인 ASF(Acceleration Studies Foundation)는 메타버스를 네 가지 유형으로 분류했는데, 그 유형은 증강현실, 라이프로깅, 거울 세계, 가상현실이다.

메타버스의 네 가지 유형			
구분	증강현실 (AR)	라이프로깅 (Lifelogging)	거울 세계 (Mirror Worlds)	가상현실 (VR)
내용	현실에 가상의 물체를 덧씌워 보여주는 기술	자신의 삶에 관한 경험, 정보 저장·공유기술	현실의 모습을 복사하듯 만든 메타버스	실제와 비슷하게 시뮬레이션 한 디지털 가상 세계
분야	AR 글라스, 차량용 HUD	웨어러블 디바이스	지도 기반 서비스	세컨드라이프, 리니지
사례	포켓몬Go	갤럭시 워치	구글어스	제페토, 로블록스

증강현실은 현실 공간에 2D나 3D로 표현되는 가상의 물체를 겹쳐 보이게 하면서 상호작용하는 환경이다. 최근 현실 세계와 판타지를 결

합한 몰입형 콘텐츠를 제공하기 위해 증강현실을 도입하고 있는데, 대표적인 것이 SKT 증강현실인 앱 '점프AR'이다. 이 앱은 연예인, 게임 캐릭터 등 자신이 원하는 콘텐츠를 불러와 함께 사진을 찍게 해준다. 과거 아주 화제가 되었던 게임 앱인 포켓몬Go 역시 증강현실 기반의 메타버스 서비스이다.

라이프로깅은 사물과 사람에 대한 일상적인 경험과 정보를 캡처, 저장, 전송하는 기술이다. 정보통신 기술의 발달로 일상생활에서 일어나는 모든 데이터를 언제든지 확인하고 공유할 수 있게 되었다. 대표적인 서비스로는 NRC(나이키 런 클럽)가 있다. 달리기를 하는 이용자가 NRC를 실행하고 뛰면 실제로 달린 코스를 지도로 보여주고 평균 페이스와 칼로리 소모량도 알 수 있다. 또한 달리기 기록을 SNS에 공유할 수 도 있다. 인스타그램, 페이스북, 유튜브 등도 라이프로깅으로 분류되는 메타버스 서비스이다.

라이프로깅

사물인터넷

웨어러블 기기

클라우드 컴퓨팅

개인 삶의 기록을 남기는 라이프로깅은, 경험정보를 기록하는 사물인터넷, 정보를 분류하는 웨어러블 기기, 저장하는 크라우딩 컴퓨팅으로 구성된다. 　　　　　　　　　　　　　　　출처 : Kdata

거울 세계는 실제 세계를 사실적으로 반영한 정보를 확장해 활용성을 극대화한 가상 세계이다. 대표적인 거울 세계의 서비스로는 구글어스가 있다. 구글어스는 위성 이미지, 지도, 지형 및 3D 건물 정보 등 전세계의 지역 정보를 실시간으로 업데이트해 제공하고 있다.

가상현실은 현실과 유사하거나, 완전히 다른 공간을 디지털 데이터로 구축한 가상 세계이다. 가상현실에서는 아바타를 통해 현실에서 불가능한 활동을 할 수 있는데, 다양한 가상현실 플랫폼은 아바타가 활동할 공간을 제공해준다. 국내의 대표적인 서비스는 네이버Z의 제페토이다. 아바타를 기반으로 한 메타버스 소셜미디어 플랫폼으로 누적 가입자 2억 4,000명을 기록하고 있다. 미국의 로블록스도 가상현실을 기반으로 한 대표적인 메타버스 서비스이다. 미국 초등학생 70% 이상이 사용하고 있는데, 레고를 본뜬 아바타로 3D 기반의 오픈월드를 돌아다닐 수 있다. 게임화폐 '로벅스'는 현금으로 교환도 가능하다.

◈ 메타버스의 활용

가상에서뿐만 아니라 현실 세계 모든 산업 분야에서 메타버스가 경쟁력을 발휘하고 있다. 메타버스 성장의 주요 요인은 코로나 팬데믹과 디지털 전환이다. 2년 넘게 지속되고 있는 코로나 팬데믹으로 사람들의 사회활동은 급격히 감소했다. 재택근무, 온라인 교육, 자가격리 등 집에 머무는 시간이 늘어나면서 사회적 욕구의 해소를 위해 가상 공간으로 눈을 돌리게 된 것이다. 여기에 산업 전반에 걸쳐 찾아온 디지털 전환 또한 메타버스 성장에 많은 영향을 끼쳤다.

실제로 메타버스가 실생활에 끼치고 있는 영향력은 곳곳에서 확인할 수 있다. 부동산 중개업체 직방은 강남에 있던 본사 사무실을 없애고 완전한 재택을 실시 중이다. 그러나 직원들은 매일 사무실로 출근한다. 그들이 출근하는 사무실은 메타버스 공간인 '메타폴리스'이다. 가상의 공간에 사무실을 만들고 직원들은 분신인 아바타를 입장시켜 근무하는 것이다. 메타버스 사무실에서는 옆 사람과 대화도 할 수 있다. 물론 회의나 세미나도 가능하다. 회사의 관리자는 실제 사무실로 출근하는 것보다 근태관리도 쉽고, 업무집중이나 업무효율성 모두 높다고 평가한다.

⬡ 메타버스를 활용한 비즈니스 모델

메타버스를 이용한 비즈니스, 수익모델도 현실화되고 있다. 우리나라 인기 아이돌 그룹 방탄소년단(BTS)은 빌보드 1위를 기록한 '다이너마이트(Dynamite)'를 메타버스 기반의 온라인 공간에서 발표했다. BTS는 온라인 콘서트로만 약 500억 원의 매출을 기록했다고 한다.

현대자동차는 메타버스 플랫폼 로블록스에서 현대차 모빌리티를 체험할 수 있는 가상의 고객경험 콘텐츠를 오픈했다. 사람들은 가상 세계에서 차량을 직접 운전해보거나 미래 모빌리티를 메타버스로 체험할 수 있다.

또, 가구업체 이케아는 메타버스 쇼핑앱 '이케아 플레이스'를 운영하고 있다. 스마트폰 앱을 통해 자신의 집 내부의 필요 공간에 2,000개의 이케아 가구를 가상으로 배치해볼 수 있다. 이 밖에도 롯데하이마트는 가상의 섬인 메타버스 하이메이드 섬을 오픈해 고객과 소통하고 있으며, 명품 브랜드 구찌도 가정에서 가상 상품을 체험해보고 이를 구입할 수 있는 서비스를 제공하고 있다.

이케아 플레이스 앱

이케아 플레이스 앱은 가구의 질감과 명암을 세밀하게 표현해 2,000개의 제품을 증강현실로 테스트해볼 수 있다.

출처 : 이케아

제조업 분야의 기업들도 앞다투어 메타버스를 경영에 도입하고 있다. 메타버스가 제품생산에 들어가는 시간과 비용을 줄일 수 있기 때문이다. 제품의 설계·제조·시뮬레이션 등을 가상 공간에서 진행하면 제조에서 오는 다양한 리스크를 줄일 수 있다. 그리고, 가상 공간에서 도출된 결과를 다시 현실의 제조공정에 적용하면, 비용과 시간의 절감뿐 아니라 생산성과 안정성에도 크게 기여할 수 있다.

⬡ 도시에 적용되는 메타버스 기술

도시계획과 관리 부문에도 메타버스 기술은 유용하다. 도시는 인간의 삶과 상상력, 첨단 기술이 융합해 만들어낸 작품이기 때문이다. 최근 도시계획 분야에서는 디지털 트윈(Digital Twin) 기술이 활용되고 있다. 메타버스의 일종인 디지털 트윈은 '디지털 세계에 현실과 동일한 사물의 물리적 특징을 쌍둥이처럼 구현하는 기술'이다. 시뮬레이션을 통해 현실 세계에서는 불가능한 다양한 시나리오의 결과를 예측하고 이를 다시 현실 세계에 적용할 수 있다.

디지털 트윈은 시뮬레이션을 통해 도시를 계획하는 데 유용하게 쓰인다. 유동인구의 변화나 교통체증을 일으키는 도로, 고층건물의 배치에 따른 도시의 바람길 예측, 건물에 따른 일조량의 변화, 도시 홍수의 진행방향뿐만 아니라, 방범·방제시스템, 에너지관리시스템, 상하수도시스템, 복지시스템 등 도시 내의 다양한 시스템을 포괄한다. 이를 통해 다양한 도시문제를 예측하고 도로의 넓이 및 방향, 건물의 배치, 하천의 모양과 폭 등을 도시계획에 반영할 수 있다. 이렇게 VR·AR 기술을 총체적으로 활용한 메타버스로 미래형 도시를 기획하고, 가상 공간과 실제, 나아가 증강현실까지 융합한 형태로 도시를 재설계하는 데 활용할 수 있다.

메타버스는 다양한 도시문제를 해결해 도시를 효율적으로 관리하는 데도 필요하다. 5G, IoT, Edge·Cloud, DT·AI, XR 등 메타버스 기술을 활용해 도시에 대해 통합적인 모니터링을 하고, 예측과 검증 시뮬레이션 등을 통해 도시의 계획과 관제, 서비스에 대한 효율적인 관리체계를 구축할 수 있다.

메타버스는 시공간을 초월해 도시인들을 소통하게 하고 스스로 그 문제를 해결할 수 있도록 도와주기도 한다. 시민이 직접 발굴한 도시의 각종 문제는 디지털 트윈을 통해 가상 세계에 두고 시민, 전문가, 디자이너, 기업 관련자 등 다양한 주체들이 참여해 해결책을 찾아 이를 시뮬레이션해 실제 도시에 접목한다.

메타버스는 우리가 꿈꾸는 많은 것을 실현시켜줄 것이다. 첨단 기술로 연결되고 제어되는 스마트 시티를 현실화시켜줄 것이다. 사물인터넷은 시민의 생활을 안전하고 쾌적하게 해줄 것이고, 자율주행자동차는 주차문제를 해결하고 도시 공간에 여유를 줄 것이다. 메타버스는 지역균형발전에도 역할을 할 수 있다. 시공간이 무제한으로 열려 있는 메타버스를 이용하면 어디서든 일할 수 있고, 어디든 갈 수 있는 환경이 되기 때문이다. 앞으로 메타버스를 어떻게 활용할지는 우리에게 달려있다.

2

지속가능한 디지털 세상,
메타버스 생태계

메타버스는 현실을 모방한 3차원 디지털 가상 공간에서 자신을 대신하는 아바타를 이용해 경제, 사회, 문화 등 현실의 기능을 영위하거나 현실과 상호작용하는 디지털 세상 또는 플랫폼을 뜻한다. 독일의 비즈니스 통계 플랫폼 '스태티스타(Statista)'에 따르면 VR · AR · MR과 XR 등 메타버스 시장의 규모는 2021년 기준 307억 달러(약 38조 원)에서 2024년에는 2,969억 달러(약 376조 원)로 획기적인 성장세를 보여줄 것으로 전망했다. 메타버스 서비스는 과거에는 게임과 엔터테인먼트 산업 위주로 운영되어왔지만 산업 전반으로 확대되고 있으며, 향후 플랫폼화가 본격화되면, 더욱더 그 영역이 확대될 것으로 전망된다.

◇ 메타버스 생태계의 구성요소

메타버스 생태계는 그 영역과 경제적 확장성을 명확히 규정하기 어려워 제조업 등 기존 산업의 분류체계에 적용하는 데 한계가 있다. 일반적으로 IT 산업의 생태계 구분에 따라 그 구성요소를 인프라(Device and Network), 플랫폼(Platform), 콘텐츠(Contents), 지식재산권(IP, Intellectual Property) 4개를 중심으로 설명해보고자 한다.

메타버스 인프라는 메타버스 세상을 만들고 제대로 작동하는 데 기반이 되는 필수적인 요소들이다. 메타버스는 첨단 기술의 집합체이므로 인프라의 구성이 매우 중요하다. 디지털 세상에 건물이나 도로 등을 꾸미기 위해 많은 작업이 필요하므로 5G나 6G와 같은 초연결 네트워크 통신망과 클라우드 환경은 가장 중요한 메타버스 인프라이다. 또, 디지털 세상을 꾸미기 위해서는 소프트웨어, 하드웨어 및 그래픽 장치인 CPU도 있어야 한다. 구글 글라스나 오큘러스 등 실감형 디바이스 역시 가상현실 세계의 몰입감을 극대화하도록 지원해주는 중요한 인프라이다.

◇ 메타버스 플랫폼 기업

메타버스 플랫폼은 실감형 콘텐츠를 개발하고 유통함은 물론, 서비스를 제공해주는 운영기반을 말한다. 이러한 플랫폼을 선도적으로 이끌고 있는 기업들이 있는데, 유니티 소프트웨어, 마이크로소프트, 메타

(구 페이스북) 등과 같은 업체들이 대표적인 기업이다. 유니티 소프트웨어는 메타버스 3D 엔진을 개발하는 미국업체이다. 2004년 창업 후 오랫동안 게임 개발을 위한 플랫폼으로 자리 잡아 왔으며, 현재 다른 산업 분야까지 적용을 확대하고 있다. 세계 최대의 소프트웨어 업체인 마이크로소프트는 메타버스 시장에서도 공룡기업이라고 불리고 있다. 가상 경제에 관심을 가진 마이크로소프트는 세계 3대 게임회사인 액티비전 블리자드를 인수하면서 게이밍 플랫폼을 확보했다. 그리고 원격작업, 생산성 소프트웨어, 엔터테인먼트까지 다양한 메타버스 사업에 뛰어들었다. 페이스북은 사명까지 메타로 바꾸면서 기존 SNS 기업에서 메타버스 플랫폼기업으로 변신을 모색하고 있다. 메타는 최근 가상현실이 적용된 메타버스 플랫폼인 호라이즌 월드를 출시했다. 호라이즌 월드에 입장하려면 페이스북 계정과 메타의 VR기기인 오큘러스 퀘스트가 필요하다. 메타는 이 플랫폼을 통해 이커머스 사업에 본격 진입할 것이라고 밝혔다.

◈ 메타버스 콘텐츠와 IP

메타버스 콘텐츠는 VR · MR · XR 등을 통해 즐길 수 있는 문화, 교육, 의료, 산업 분야 등의 실감형 창작물을 말한다. 우리에게 잘 알려진 로블록스, 제페토, 포트나이트 등에서 다양한 콘텐츠를 제공하고 있다. 로블록스의 샌드박스형 메타버스 게임 서비스는 엔터테인먼트, 게임, 소셜미디어, 맵 제작의 네 가지 요소를 모두 갖춘 서비스이다. 초기에는 로블록스에서 자체 제작했으나 크리에이터 중심의 제작으로 발전해 콘텐츠를 더욱 다양화할 수 있다. 로블록스 스튜디오를 통해 아이템 제작을 지원하고 다양한 콘텐츠를 다양한 OS 환경에서 가동할 수 있다.

메타버스 산업 활성화를 위해서는 메타버스 내 콘텐츠의 독창성과 경제적 가치를 보호하기 위한 지식재산권을 강화하는 것도 중요하다. 지식재산권은 콘텐츠 창작에 대한 가치를 실현시킴으로써 창작자에게 보상이 돌아갈 수 있도록 하는 권리이다. 최근 게임 위주의 메타버스 산업에서 지식재산권의 가치는 꾸준히 상승했고 향후 이에 대한 가치는 더욱 확대될 것으로 예상된다. 지식재산권을 기반으로 한 게임이나 콘텐츠는 사용하는 사람들에게 브랜드 가치로서의 친밀감을 느끼게 해 메타버스 산업의 진입장벽을 낮춰줄 수 있기 때문이다.

가상 공간에서의 경제 활동, NFT

메타버스 세계에서 디지털 콘텐츠를 만들어 수익을 창출하고 디지털 자산을 거래하는 방법이 필요하다. 그런데 디지털 콘텐츠는 복제하기 쉽기 때문에 원본과 복제품을 구분하기 어려워 희소성에 대한 가치를 인정받아야 하는 문제가 있다. 이를 증명하기 위해 만들어진 것이 대체 불가능한 토큰(NFT, Non-Fungible Token)이다. 원본을 NFT화함으로써 원본의 유일성과 진정성을 증명할 수 있을 뿐 아니라, NFT가 가진 프로그램을 활용해 2차 유통 시에도 제작자가 수익을 얻을 수 있도록 설계할 수 있다. NFT는 임의로 수정하기 어려운 블록체인상에서 발행된 감정서이다. 가상의 공간에서 사용자들은 그들의 디지털 콘텐츠가 NFT를 통해 자산성과 고유성을 부여받아 소유권을 인정받을 수 있으며 거래도 가능하다. 디지털 상품과 음원 등 지식새산에 NFT를 결합한나면 가상 경제를 확장하고 활성화할 수 있다. 메타버스 공간에서 NFT를 통해 명품 옷과 부동산이 거래되고 있다. 이렇게 메타버스가 암호화폐의 대중화를 이끌고 있다.

가상자산 NFT

2021년 4분기 NFT 전체 거래량은 119억 달러(14.2조 원)에 달했다. 분기 거래량 역대 최고치를 기록한 것이다. 　　　　　　　　　　　　　　　　　　　　　　　　　　　출처 : fnDB

⬡ 국내 메타버스 플랫폼, 네이버

글로벌 메타버스 플랫폼 경쟁이 치열해지고 있는 상황에서 국내 기업도 가세하고 있다. 대표적인 사례가 국내 1위 포털기업인 네이버이다. 네이버가 운영하는 제페토는 증강현실의 아바타 서비스인 메타버스 플랫폼이다. 2018년에 출시되어 현재 2억 명 이상의 이용자를 보유하고 있는데, 이들 중 해외 이용자가 90%를 차지하고 있다. 얼굴인식과 증강현실, 3D 기술 등을 이용해 '3D 아바타'를 만들었고, 이를 통해 다른 이용자들과 소통하거나 다양한 가상현실의 경험을 가능하게 하는 서비스를 제공하고 있다. 제페토는 최근 유명 브랜드나 연예기획사와의 제휴도 활발한데, 국내 대표적인 엔터테인먼트 업체인 SM, YG, JYP, 빅히트 등이 제페토를 통해 K-pop 등 다양한 콘텐츠를 내놓으면서 인기를 끌고 있다. 코인(Coin)과 젬(Zem)이라는 가상화폐를 사용해 플랫폼 내 결제가 가능하다. 명품 브랜드의 가상 캐릭터 의류를 제공하

네이버 제페토

제페토의 인기비결은 나를 닮은 아바타가 아니고 나보다 훨씬 귀엽고 예쁜 아바타를 만들어준다는 것이다.

출처 : BIZION

메타버스 시티

는 마케팅으로 수익창출도 가능하다.

◇ 지속가능한 메타버스 생태계

메타버스 생태계의 발전을 위해서는 사이버폭력이나 디지털 양극화 등 메타버스상에서 발생하는 다양한 문제점의 개선이 필요하다. 메타버스 가상 세계가 활성화되면서 메타버스가 현실 세계와 가까워지고 있다. 메타버스 온라인 서비스에서 제공되는 이용자 간 소통, 음성대화 등으로 많은 것이 가능해졌기 때문이다. 그러나 이것은 메타버스상에서 아바타를 통해 나타나는 각종 일탈행위를 유발할 수 있다. 온라인상에서 벌어지는 명예훼손이나 성범죄 등이 그것인데, 이를 예방하기 위해서는 이용자를 보호하기 위한 각종 제도가 필요하며, 메타버스 발전을 위한 법령의 정비도 필요할 것이다.

디지털 정보격차의 해소 또한 메타버스의 발전을 위해 꼭 필요한 요소이다. 디지털 정보에 대한 접근과 활용수준, 디지털 역량의 해소라고 할 수 있는데, 일반 국민과 비교할 때 장애인, 저소득층, 고령층 등 정보 취약 계층에서 디지털 접근 및 활용 수준이 낮다고 할 수 있다. 정부에서도 디지털 포용정책의 일환으로 5G망 보급추진, 디지털 기술을 활용한 콘텐츠 제작, 각종 교육프로그램을 추진하고 있다. 정부뿐 아니라 모든 사람들이 우리의 삶을 윤택하게 하는 디지털 기술을 차별 없이 사용할 수 있도록 하는 노력이 필요하다.

3

디지털로 변신하다,
디지털 전환

◇ 디지털 전환의 도시 항저우

《동방견문록》으로 유명한 마르코 폴로(Marco Polo)는 중국의 항저우
를 세상에서 가장 아름다운 도시라고 칭송했다고 한다. 중국의 7대 고
도 중 하나로 꼽히는 항저우는 지금 최고의 스마트 시티로도 유명하다.
항저우는 디지털 전환을 통해 만성적인 교통문제를 해결하는 데 초점
을 맞춘 스마트 시티이다. 항저우는 알리바바가 개발한 인공지능 ET
'시티 브레인(City Brain)'을 각종 도시문제 해결에 활용함으로써 훌륭한
스마트 시티로 성장했다.

항저우는 스마트폰 하나만 있으면 일상생활이 가능한 모바일 결제의
도시이다. 버스, 지하철, 택시는 물론, 시장과 편의점에서도 알리페이로
결제가 가능하다. 알리페이 사용률이 택시 98%, 편의점은 95%라고 한

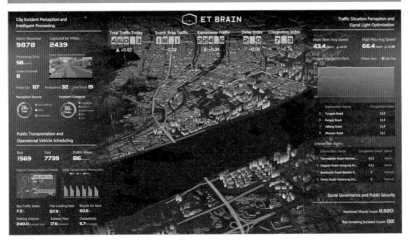

스마트 시티 항저우

전 세계에서 가장 혼잡한 도시 항저우의 교통문제를 해결한 알리바바 ET '시티 브레인'

출처 : 알리바바 ET 시티 브레인

다. 이렇게 수집한 도시의 빅 데이터를 기반으로 시티 브레인 인프라를
건설해 시 전역의 교통망에 응용하고 있다. 그래서 항저우시는 시티 브
레인으로 교통정체를 획기적으로 해소했다. 시티 브레인의 혁신기술은
AI와 디지털 망막이다. 클라우드 시스템과 CCTV를 연결하는 디지털
망막으로 정보를 수집하고 AI를 활용해 스마트 시티의 효율을 높였다.
항저우시는 교통문제 해결에 그치지 않고 디지털 전환을 통한 장기적
이고 종합적인 도시발전을 통해 세계 최고의 스마트 시티가 되기 위한
노력을 계속하고 있다.

⬡ 디지털 전환

우리나라는 1980년대부터 PC와 인터넷의 도입으로 아날로그 정보를 디지털 데이터로 전환하기 시작했다. 2000년부터는 디지털 데이터 간 통합, 디지털화된 인프라·시스템에 클라우드, 인공지능, 빅 데이터 등 새로운 기술을 적용해 디지털 데이터 기반의 업무프로세스로 정착했다. 2020년에는 혁신적인 디지털을 실시간으로 활용하고, 예측하면서 의사결정을 통해 가치를 전달하고 효율성을 개선하는 등 보다 새로운 방법을 찾아내는 본격적인 디지털 전환을 진행하고 있다.

디지털 전환은 정보통신기술을 활용해 기존에 인간의 노동력이 기반이 되었던 전통적인 사회 구조를 디지털 구조로 전환해 효율을 높이고, 이를 사회 전체로 퍼져나가게 하는 과정을 의미한다.

2년 동안 지속되고 있는 코로나 팬데믹은 디지털 전환을 가속화하는 요인이다. 코로나 팬데믹은 개인일상과 산업 및 사회에 커다란 변화를 불러왔다. 재택근무 및 화상회의 등 대면 방식에 변화를 가져왔고, 배달문화가 확산되었다. 이런 변화 속에서 디지털은 쇼핑과 금융업무, 배송과 의료뿐만 아니라 교육과 여가 등 시민들의 일상에서 빼놓을 수 없는 요인이다. 산업은 더욱 커다란 변화에 직면했다. 숙박과 여행, 항공업이 몰락했고, 에너지 산업도 부진을 면치 못했다. 반대로 ICT 등 디지털 산업은 빠른 속도로 그 영역을 확장하며 성장하고 있다.

◈ 제조업에서의 디지털 전환

제조업에도 디지털 전환의 바람은 불고 있다. 제조업의 디지털 전환은 스마트 공장(Smart Factory)으로 구현된다. 스마트 공장은 ICT기술을 적용해 전체 공정을 최적화한 지능형 생산 공장이다. 가장 핵심이 되는 시스템은 MES(Manufacturing Execution System)이다. MES는 실시간으로 정확한 데이터를 제공해 공장 내 존재하는 모든 활동을 가이드하고 착수하며, 응답하고 보고하는 시스템으로, 제품의 주문 단계에서 완성 단계까지 모든 생산 활동의 최적화를 가능하게 한다.

스마트 공장은 제조업체의 리쇼어링과 관련이 있다. 생산 단가와 인건비 절감을 위해 해외로 진출했던 국내 제조기업들은 코로나 팬데믹으로 각국이 국경을 통제하면서 글로벌 부품 및 공급망의 불안으로 다시 국내로 복귀하고 있다. 기업들이 국내에서도 생산 단가와 인건비를 절감할 수 있는 방법이 스마트 공장이기 때문이다.

◈ 디지털 전환, 전 산업으로 확대되다

디지털 전환은 제조업뿐 아니라 산업 전반으로 확대되고 있다. 커피전문업체 스타벅스는 모바일 결제 주문 서비스인 사이렌 오더를 회전율 증가, 매출 증대와 새로운 고객 유치에 활용하고 있다. 가구업체 이케아와 명품패션 브랜드 구찌는 디지털 쇼룸을 통한 증강현실 서비스로 비대면 체험 공간을 통해 고객의 만족도를 끌어올리고 있다.

디지털 전환은 이커머스 업체들의 속도전쟁을 유발했다. 쿠팡, 대한통운, 신세계, 네이버 쇼핑 등은 상품의 보관, 출고와 배송, 재고관리까지 한꺼번에 진행해 배송시간을 줄이는 풀필먼트 서비스 경쟁이 한창이다. 금융 분야에서도 금융에 IT를 접목시킨 '핀테크(FinTech)'를 운영하는 가운데, 네이버와 카카오, 토스 등 IT기업들이 자사의 기술로 차별화된 금융 서비스를 제공하는 '테크핀(TechFin)' 서비스로 디지털 경쟁에 뛰어들었다.

이렇게 디지털 전환은 인공지능, 클라우드, 빅 데이터, 사물인터넷 등 범용적인 디지털 기술을 활용해 소비, 업무, 교육, 금융 등 전 분야에서 비즈니스 모델을 효율화하고 다른 산업 영역으로 확장하고 있다.

◈ 디지털 전환과 모빌리티 혁신

모빌리티의 혁신도 디지털 전환을 앞당기고 있다. 자율자동차, 도심항공모빌리티(UAM), 개인용 이동수단(PM) 등 다양한 모빌리티의 등장으로 이들을 이용하기 위한 터미널 등 도시 공간과 기존 도로의 재편이 필요하다. 새로운 모빌리티와 기존 대중교통을 연결하는 모빌리티 허브의 구축도 필요하다. 모빌리티 허브는 다른 교통으로의 환승은 물론 교통정보의 제공, 전기차 충전, 택배보관 및 픽업 시스템 등 다양한 편의시설을 구비해야 한다.

핀테크 VS 테크핀		
구분	핀테크	테크핀
주체	금융사	IT 기업
특징	은행 서비스를 모바일 애플리케이션(앱)으로 제공	모바일 사용자들에게 금융 서비스 제공
고객	금융회사 고객	인터넷 서비스 이용 고객
정보기술(IT)	외주	자체 보유
장점	높은 신뢰도, 금융 노하우	기술 경쟁력, 글로벌 고객 기반
단점	제한적 고객	금융사 대비 낮은 신뢰도

테크핀은 IT 기업들이 내놓는 금융 서비스이다. 각종 중개수수료를 획기적으로 낮추었다.

출처 : 체인파트너스

◇ 디지털 전환과 스마트 워크

디지털 전환이 사회 전반으로 확산되면서 업무 환경에도 커다란 변화를 가져왔다. 디지털 기술은 사무실이라는 물리적 공간의 제약을 받지 않고 시스템에 접근해 필요한 정보를 얻을 수 있을 뿐 아니라 구성원들과의 협업이 가능한 업무 환경을 구현했다. 시·공간의 제약이 없이 고정되지 않은 공간에서 업무하는 것을 스마트 워크라고 한다. 스마트 워크의 유형은 리모트 워크, 스마트 오피스, 스마트 워크 센터, 재택근무 등 다양하다. 조금 더 넓게 해석하면 시차 출퇴근제, 재량 근무제 등도 여기에 포함된다.

스마트 워크의 활성화는 일과 여가의 양립을 원하는 사회적 분위기와 최근 2년 이상 지속되고 있는 코로나 팬데믹에 영향이 있으나, 스마트 워크가 정착되는 데 기여한 것은 디지털 전환으로 ICT 기반의 스마트 워크 환경이 조성된 것이다. 사무실이라는 물리적 공간에 존재하지 않아도 불편함이 없도록 조성된 근무환경과 구성원들에 대한 시스템적 통제가 가능하고, 무엇보다 업무성과에 기여한다는 인식의 확산이 스마트 워크의 안정된 정착을 가능하게 했다.

모든 제도가 장점과 단점이 있듯이 스마트 워크도 긍정적인 면과 부정적인 면을 동시에 가지고 있다. 스마트 워크의 긍정적인 효과는 일과 가정의 균형을 통한 삶의 질 향상이다. 출퇴근에서 낭비되는 시간의 활용, 승용차 미운행으로 인한 에너지와 탄소 절감도 긍정적인 효과이다. 회사 입장에서는 사무실 임대와 관리를 위한 고정비의 감소가 장점이 될 수 있다.

반면, 스마트 워크의 단점은 구성원 간의 의사소통문제도 야기될 수 있으며 조직소속감의 저하를 불러올 수도 있다는 것이다. 사회적인 소외감이나 근로조건을 악화시킬 수도 있다. 또한 일과 생활의 경계가 무너져 퇴근 후에도 업무가 지속되어 오히려 일과 삶의 균형, 워라밸이 파괴될 수도 있다.

향후 디지털 전환의 가속화로 현재 지적되는 스마트 워크의 문제점은 대부분 해소되고, 메타버스 가상 사무실 등과 같이 현실이 확장된 스마트 워크의 진화가 지속될 것으로 예상된다.

◈ 메타버스와 디지털 전환

최근 르네상스 시대를 맞이하고 있는 메타버스는 디지털 전환이 없었다면 실현되기 어려웠을 것이다. 르네상스라는 단어에서 알 수 있듯이 메타버스라는 용어가 쓰인 것은 오래되었다. 앞서 말했듯, 메타버스라는 용어가 처음 사용된 것은 1992년 닐 스티븐슨의 소설《스노 크래시》이다. 여기에서 메타버스는 아바타의 몸을 빌려야만 갈 수 있는 가상의 세계로 표현되었는데, 당시에는 그다지 주목받지 못했다. 그 후 2003년 미국의 스타트업체 린든 랩이 만든 3차원 가상 세계인 '세컨드 라이프'는 보다 많은 인기를 끌었다. 그러나 이 역시 몇 년이 지나지 않아 관심이 식으면서 대중의 기억에서 잊혔다. 세컨드라이프의 몰락원인에 대해서는 다양한 분석이 있지만 가장 크게 지적된 것은 기술적인한계이다. 당시에는 3G, LTE 환경으로 방대한 그래픽 데이터를 처리하기에는 무리가 있었다.

최근 메타버스가 다시 전 세계를 강타하고 있다. 코로나 팬데믹이 불러온 비대면 문화가 주요한 원인이라는 지적이 있지만, 이것을 기술적으로 가능하게 한 것은 분명 디지털 전환이다. 2000년대 초와는 달리 5G 이상의 환경이 정착되었고, XR, 홀로그램 등 메타버스 실감 기술이 기존과 전혀 다른 사회, 경제적인 경험을 가능하게 했기 때문이다. 또한 블록체인, NFT 등이 안정적인 거래나 소유를 가능하게 했다. 이러한 기술적 환경을 기반으로 메타버스는 이용자 스스로가 자신의 세계를 구현할 뿐 아니라, 현실과 가상을 이질감 없이 연계할 수 있는 수준으로 성장하고 있다.

　디지털 전환으로 인해 메타버스는 실생활에서 다양하게 활용되고 있다. 메타버스 가상 공간에 오피스를 설치해 운영하거나, 가상의 오피스에서 신입사원 면접을 하고 선발하기도 한다. 입학식과 졸업식, 전시회 등 다양한 디지털 행사도 현실처럼 진행이 가능하다. 메타버스를 활용한 공공 서비스도 실용화되고 있다. 메타버스 정부라는 공공인프라에서 각종 민원관리, 도서관, 공공의료 서비스 등 국민들에게 혁신적인 서비스를 제공할 수 있다. 도시 분야에서도 공간 정보와 디지털 트윈 기술을 활용해 스마트 시티를 구현하는 등 현실 세계를 더욱 확장하고 있다. 상상 너머 새로운 시대를 가능하게 할 디지털 대전환은 다가올 우리 삶을 더욱 풍요롭게 할 것이다.

4

도시를 복사하다,
디지털 트윈

    지금은 메타버스의 시대다. 메타버스가 단순히 게임 속의 가상 세계가 아니라 산업 전반에 영향을 미치고 우리의 삶을 풍요롭게 할 미래 공간이라는 전망 속에 많은 기업들이 메타버스의 블랙홀에 빠져들고 있다. 소셜미디어업계의 선두주자 페이스북은 기업명을 메타로 바꾸며 메타버스를 주도하겠다고 선포했다. 마이크로소프트, 아마존닷컴, 구글, 애플, 텐센트, 스냅, 줌, 엔비디아, 디즈니 등 메타버스 기업들이 막대한 자원을 쏟아붓고 있다.

    메타버스가 인기를 구가하면서, 도시 분야에서는 '거울 세계'에 대한 관심이 커지고 있다. 실제 세상을 디지털로 구현한 거울 세계는 메타버스 유형 중 하나로, '디지털 트윈'이라는 이름으로 불린다. 디지털 트윈은 메타버스의 일종으로 현실을 부각시키기 때문에 현실을 기반으로 설계하고 운영되는 도시 분야에 매우 유익한 분야이다.

◇ 디지털 트윈이란?

디지털 트윈(Digital Twin)은 거대한 메타버스의 개념 가운데 하나로, 특히 현실 측면을 부각하는 기술이다. 디지털 트윈은 가상과 현실을 연계하는 기술인데, 물리적인 현실 세계와 디지털인 가상 세계를 연결해 함께 작동하면서 상호작용하게 한다. 가상의 공간에 실제모델과 같은 쌍둥이(Twin)를 만들어놓고, 이 모델을 이용해 실제 환경에서 발생 가능한 다양한 모의시험을 할 수 있다. 이 시험을 통해 현실에서 발생할 수 있는 모든 문제점을 사전에 검증해 현실의 문제점을 개선하는 데이터 기반의 시뮬레이션 기술이다.

디지털 트윈은 2016년 미국 제너럴 일렉트릭(GE)에서 제품생산의 시간과 비용을 절감하기 위해 처음 도입했다. 디지털 트윈은 항공, 국방, 에너지, 안전·환경, 헬스케어, 도시설계, 교통·물류 등 다양한 산업 분야에서 활용되고 있으며, 빅 데이터, 인공지능, 사물인터넷, 증강현실, 가상현실 등 첨단 기술과 결합해 가상과 현실 세계를 더욱 현실성 있게 연계하고 있다.

◇ 디지털 트윈의 활용

디지털 트윈은 다양한 분야에서 생산성을 증가시키고, 사고를 줄이고, 보유자산을 최적화하는 데 크게 기여한다. 디지털 트윈은 기업의 제조공정에서 많이 활용되는데, 설계에서 제조와 서비스에 이르기까지 모든 과정에서 효율성을 발휘한다. 실제 공장의 설비를 디지털 가상 공간에 만들어놓고 가상 공간에서 설비를 운전하면서 문제점을 시뮬레이션해 생산과정 전체에 대해 최적의 개선방안을 찾아내는 데 활용되는데, 가상 공간에서 예측된 문제점을 현실 생산공장에서 보완해 운전하게 되면 보다 정밀한 생산계획 수립과 효율성 극대화를 이룰 수 있다.

디지털 트윈

디지털 트윈의 구조

현실과 같은 도시 또는 공장 등을 재현

시뮬레이션 진행

가상 공간

실시간 정보수집

확실하게 피드백

현실 공간

디지털 트윈은 물리적 현실 세계와 디지털 가상 세계를 데이터로 연결하고, 연결된 현실과 가상은 쌍둥이처럼 함께 작동하며 상호작용한다.   출처 : 코트라 도쿄무역관

디지털 트윈은 재난 분야에서도 유용하다. 태풍이나 홍수, 지진과 같

은 자연재해의 피해규모를 예측하기 위해 산과 강 등 실제 지형을 가상 세계에 구현하고 자연재해를 시뮬레이션 해보면 실제 상황에서의 대비 방안을 수립할 수 있다. 특히, 도시 분야에서는 실재하는 도시를 가상 세계에 옮겨 동일한 모델을 만들고, 이를 활용해, 건물·하천·도로·교통·지하구조물 등의 인프라와 인구, 날씨 등을 데이터화해 시뮬레이션 함으로써 다양하고 복잡한 각종 도시문제를 해결하는 데 큰 역할을 하고 있다. 이것은 우리가 지향하는 스마트 시티로 가는 지름길이다.

◇ 디지털 트윈과 스마트 시티

디지털 트윈이 우선 적용되는 분야는 스마트 시티이다. 스마트 시티는 첨단 정보통신기술을 활용해 도시 생활 속에서 유발되는 교통, 환경, 주거문제, 시설의 비효율 등을 해결함으로써 시민들이 편리하고 쾌적한 삶을 누릴 수 있도록 만든 '똑똑한 도시'를 의미한다. 진정한 스마트 시티는 디지털 트윈으로 현실화될 수 있다. 도시는 발전할수록 변화의 속도가 빨라지고 사회구조는 더욱 복잡해지기 때문에 사회현상을 분석하는 것이 점점 어려워지며 많은 비용이 수반된다. 이때 필요한 것이 바로 디지털 트윈이다. 디지털 트윈을 통해 복잡한 사회구조와 현상을 디지털 가상 도시에서 시뮬레이션하게 되면 적절한 해결방안을 찾을 수 있기 때문이다.

또, 디지털 트윈은 새로운 정책을 시행하기에 앞서 시행에 따른 파급효과를 선제적으로 예측하고 그 결과를 반영함으로써 현실 도시의 삶의 질을 높이고, 진정한 스마트 시티로 발전할 수 있도록 해줄 것이다.

미국이나 네덜란드, 일본 등 선진국에서는 디지털 트윈 기술을 에너지, 교통 및 물류, 관광 등 다양한 분야에 적용해 스마트 시티 조성에 활용하고 있다. 이들 도시에서는 새로운 건축물에 대한 인허가가 접수되면 디지털 트윈 기술을 활용해 새로운 건축물이 입지했을 경우 다른 건축물에 영향이 있는지 여부와 도시 전체의 바람길, 기온이나 일조량에 대한 데이터를 다양하게 시뮬레이션한 후 허가를 승인하는 등 도시의 계획이나 운영에 활용하고 있다. 디지털 트윈은 선진국뿐만 아니라 우리나라에서도 스마트 시티를 구현하는 데 활용되고 있다.

일본의 국토교통성은 실제 도시를 사이버 공간으로 재현하는 프로젝트 'PLATEAU'를 개시했는데, 대형 백화점인 미쓰코시 이세탄 홀딩스는 2021년 3월에 국토교통성의 3D 디지털 지도 플랫폼 'PLATEAU'를 활용해 디지털 공간에 이세탄 신주쿠 백화점 본점 등 신주쿠의 일부 지역을 재현하고, 실증 실험을 해 긍정적인 평가를 받았다고 한다. 또한 도쿄에서는 디지털 공간상에 3D 모델로 거리를 재현하는 디지털 트윈 제작을 진행하고 있다. 1단계로는 일조량, 풍량, 교통상황 등의 데이터를 실시간으로 취득해 가상 공간에 반영한 후 유효성이나 활용법을 검증하면서 2030년까지 완성한다는 계획이다.

⬡ 세종시 스마트 시티

세종시는 '도시행정 디지털 트윈 프로젝트'를 진행하고 있다. 국가공공데이터나 지자체의 인구나, 정책데이터뿐만 아니라 사물인터넷을 통해 수집된 다양한 데이터를 분석해 디지털 가상 공간에서 시뮬레이션하고 있다. 이를 통해 얻어진 다양한 현상을 도시를 조성하는 데 활용하고 있다.

대표적인 활용사례는 공영자전거 '어울링'과 생활폐기물 자동집하시설 '크린넷'의 운영이다. 디지털 트윈 플랫폼을 통해 공영자전거 어울링의 대여소별 적정 보유대수를 실시간 예측하고, 이용시간과 이동거리, 대여와 반납 위치 등의 데이터를 수집한 후, 이 자료를 토대로 관리자가 시간대별·대여소 위치별로 재배치할 수 있도록 했다. 또, 디지털 트윈 기술을 활용해 생활폐기물의 자동집하시설인 '크린넷' 주변에 폐기물이 쌓이는 문제를 해결했다. 생활폐기물 수거 용량이 초과될 경우에는 투입구의 작동이 중단되도록 한 것이다. 세종시는 스마트 시티 구현을 위해 앞으로도 도시의 모델링, 교통과 모빌리티 등 다양한 분야로 디지털 트윈의 적용을 확대할 계획이라고 한다.

⬡ 서울시 S-Map

서울시는 2021년 서울시 전역을 복제한 디지털 트윈 지도를 완성했다. 'S-Map'이라고 불리는 이 지도는 사이버 공간에 구현한 3D 디지털 트윈 서울인 것이다. 서울시는 S-Map을 활용해 가상 공간에서 서울시의 다양한 도시문제를 시뮬레이션할 예정인데, 이를 통해 서울시의 다양한 도시문제가 해결될 것으로 기대하고 있다. 서울시 전역의 바람길을 예측해 시뮬레이션함으로써 미세먼지, 도시 열섬 현상의 저감과 산불 발생 시 확산을 방지하는 데 활용할 계획이다. 또, 공공건축물 설계 공모전이나 도시계획위원회 등에서도 S-Map은 유용하게 사용될 것이라고 설명했다. 시는 이 밖에도 수돗물인 아리수의 품질향상을 위해 디지털 트윈 기술을 활용한다고 발표했다. 가상 공간에 현실과 동일한 3D 정수장을 만들어 정수처리과정을 시뮬레이션함으로써 최적의 해결책을 도출하는 디지털 트윈 기반의 정수처리시스템 개량 기술을 자체 개발한 것이다. 이렇게 디지털 트윈 기술의 활용성은 무궁무진하다.

디지털 트윈 3D 바람길

연직고도별 바람길 시뮬레이션

사이버 공간에 3D로 표현한 디지털 트윈. 바람길 테스트를 통해 도시설계를 하면 열섬 현상을 해소할 수 있다.
출처 : 서울시

◇ 그 밖의 활용사례

우리나라에서도 도시 분야에서의 디지털 트윈이 확산되는 분위기다. 정부에서는 한국판 뉴딜의 10대 대표과제에 디지털 트윈을 포함시키고 사업을 진행하고 있다. 국토교통부에서 '디지털 트윈 국토' 확산을 위해 2021년 실시한 '지자체 공간 정보 모범 선도사업'에서 경기도 성남시와 강원도 홍천군, 충청북도 진천군이 선정되었는데, 이들 지방자치단체의 우수사례를 보면 디지털 트윈이 어떻게 활용될지 가늠할 수 있다.

최우수사업에는 경기도 성남시가 선정되었는데, 성남시는 '드론으로 만드는 공간 정보의 새로운 기회'를 기획했다. 드론을 활용한 열 지도의 구축, 폭염방지 및 탄소중립에 기여하기 위한 숲의 조성과 관련되어 있는데, 디지털 트윈을 활용한 숲의 위치선정, 숲이 발휘하는 효과 등을 분석하는 사업이다.

강원도 홍천군은 '중소 도시형 스마트 시티 지원을 위한 융복합 활용 플랫폼 구축사업'으로 우수사업에 선정되었는데, 디지털 트윈의 3D입체모델 자동제작기술을 이용해 빈집 증가, 관광산업 입지분석, 농축산 방재 등 중소 도시 특성을 반영했다.

충청북도 진천군의 '공간 정보 통합시스템 구축 및 정사영상 제작사업' 역시 우수사업으로 선정되었다. 기존에 지자체에서 보유한 다양한 공간 정보를 통합 관리하는 시스템을 구축해 주요 변화 지역에 영상을 제작함으로써 도시 실태 및 지적업무에 다양하게 활용할 수 있다는 내용을 담고 있다.

디지털 트윈은 공간 정보 산업의 성장과 더불어 세계 각국에서 국가 경쟁력을 좌우하는 핵심기술로 인식되면서 전략적으로 그와 관련된 사업들이 추진되고 있다. 특히, 최근 기후문제, 디지털 불균형 등 다양한 도시문제 해결을 위해 반드시 도입해야 할 미래 기술로 인식되고 있다.

5

디지털 트윈의 핵심 기술,
공간 정보

최근 디지털 기술을 활용해 다양한 도시문제를 해결하고 지속가능한 도시를 만들겠다는 각국의 경쟁이 뜨겁다. 디지털 기술의 핵심기반은 공간 정보에 있다. 공간 정보는 현실과 가상을 연결하는 데도 핵심기반 이다. 공간 정보를 도시에 활용하는 경쟁에서 우위를 점하고 있는 곳 중 하나는 바로 싱가포르이다. 정확한 공간 정보를 활용한 디지털 트윈 기술을 기반으로 전 국토를 3D 가상현실로 구현함으로써 스마트 시티 의 성공사례가 되었기 때문이다.

⬡ 공간 정보를 활용한 가상 도시 버추얼 싱가포르

도시 국가인 싱가포르는 전체 국토면적이 $697km^2$로 $605km^2$인 서 울에 비해 조금 더 넓다. 좁은 면적에 589만 명이 거주하다 보니 국가별 인구 밀도가 km² 당 8,450명으로 마카오, 모나코에 이어 세계 3위이다. 인구 과밀로 인해 주택과 교통, 환경 등 다양한 도시문제가 발생할 수밖에 없는 여건이었다.

도시문제에 시달리던 싱가포르는 2014년 스마트 네이션(Smart Nation) 프로젝트를 발표했다. 스마트 국가로 탈바꿈함으로써 지속가능한 국가로 거듭난다는 계획이었다. 싱가포르는 2018년 도시 전체를 3D 가상현실로 구현해놓은 '버추얼 싱가포르'를 완성했다. 버추얼 싱가포르에는 도로, 빌딩, 아파트, 공원 등 주요 시설은 물론, 가로수, 벤치 등 모든 구조물과 그에 대한 상세한 정보가 담겨 있다. 버추얼 싱가포르를 통해 스마트 시티 계획을 실현하고 있으며, 도시 내의 교통, 환경, 주거 등 발생 가능한 다양한 분야에서 디지털 트윈을 활용해 스마트 시티 국가 실현을 위해 노력하고 있다.

◇ 스마트 시티 구축의 필수요소, 공간 정보

'스마트 시티'의 구축을 위해서는 물리적 환경과 가상 환경을 연결하는 '디지털 트윈'이 필요하다. 그렇다면 디지털 트윈을 위해 필요한 것은 무엇일까? 그것은 바로 '공간 정보(Geospatial Information)'이다. 국가 공간 정보 기본법에서 정의한 공간 정보는 "지상·지하·수상·수중 등 공간상에 존재하는 자연적 또는 인공적인 객체에 대한 위치 정보 및 이와 관련된 공간적 인지 및 의사결정에 필요한 정보"라고 되어 있다.

공간 정보는 공간상에 존재하는 자연적, 인공적인 물체의 '위치 정보'와 '속성 정보'이다. 공간 정보 데이터를 활용해 기후변화와 탄소중립, 수도권 과밀과 지방소멸, 변화된 정주환경에 대응 가능한 도시계획은 물론, 스마트 팩토리, 스마트 시티, 메타버스 가상 공간 등 다양한 콘텐츠를 구현할 수 있다. 이렇게 공간 정보는 사물인터넷, 인공지능, 자율주행, 드론, 가상현실과 증강현실 등 첨단 기술과 융복합해 더욱 확장되는 미래를 견인할 중요 기술이다.

⬡ 공간 정보와 GIS

공간 정보는 인류의 생존에 필수적인 요소로 초기에는 지도를 통해 인간의 삶과 생활터전을 표현했다. 지도는 시공간에 존재하는 여러 가지 상황을 사전에 약속한 일정한 축적과 도식 등에 따라 2차원의 평면이나 3차원의 공간에 표현하는 것을 말한다. 지도에는 각종 정보를 표시했는데, 지형·도로와 같은 지리 정보, 경작지 경계나 농작물 현황과 같은 재산 정보, 그리고 강과 초목의 위치 등을 표현한 자원 정보 등이 그것이다.

공간 정보는 지리 정보 시스템인 GIS(Geographic Information System)와 유사한 개념으로 혼용해 사용되기도 한다. GIS는 지역에서 수집한 다양한 지리 정보를 수치화해 컴퓨터에 입력, 정보 처리해 디지털 지도로 대체하고, 이를 사용자의 요구에 따라 여러 가지 방법으로 분석, 종합한 뒤 대중에 제공해주는 시스템을 말한다. 이에 반해, 공간 정보는 공간상에 존재하는 자연적 또는 인공적인 객체에 대한 위치 정보 및 이와 관련된 공간적 인지 및 의사결정에 필요한 정보를 말한다. 공간 정보와 GIS는 혼용해 사용되기도 히지만 차이점이 있다. GIS는 현실을 단순화하는 것을 지향하는 반면, 공간 정보는 현실을 있는 그대로 나타내는 것을 지향한다고 할 수 있다.

⬡ 공간 정보의 발전단계

현대적 의미에서의 공간 정보는 1960년대 캐나다에서 시작되었다. 당시는 도시로의 인구집중이 심화되던 시기였다. 자연 자원과 토지 자원에 대한 효과적인 이용의 필요성이 증가함에도 불구하고, 지도제작에 많은 비용과 인력이 소요되는 것이 문제점으로 지적되었다. 캐나다 도시관리국은 세계 최초의 지리 정보체계인 CGIS(Canadian Geographic Information System)를 개발했다.

1970년대는 컴퓨터 기술의 발달로 GIS 저변이 확대되었는데, 그래픽처리 기술의 발전으로 CADD(Computer Aided Design&Drafting)가 등장했고, 메모리, 저장장치 등 하드웨어의 기능 향상과 가격 하락이 원인이었다.

1980년대는 개인용 컴퓨터의 개발·보급과 네트워크 기술의 발달로 공간 정보가 세계적인 대세로 자리를 잡는 시기였다. 네트워크의 발달로 지방자치단체에서도 중앙정부와 동일한 GIS를 이용해 데이터베이스를 구축하고 공유하게 했다. 이 시기에는 전 세계적으로 GIS의 구축 노력이 활발히 진행되었다.

1990년대는 컴퓨터 하드웨어의 급성장으로 퍼스널 컴퓨터에 의한 GIS 보급이 가능하게 되어 공간 정보 기술과 응용 분야로 확산되는 시기였다. 특히 이때에는 저장매체의 발전으로 경제적인 공간자료의 구축과 운용도 가능해졌다.

2000년대 들어서면서 인터넷, ICT 기술의 발달로 정보전달체계가 구축되었고, 항공측량, 레이저측량, 위성측량 등 측량 기술의 발달로 공간 정보가 대중화하는 시기를 맞이한다. 전체 산업 분야에서 공간 정보에 대한 수요가 증가하면서 많은 기업들이 위치 정보 제공, 위치 추적,

21세기 지도

과거 종이지도

고정밀 Higher Precision **3차원** 3D **실시간** Real time **실내외 통합**

고정밀 3차원 수치지도

실시간 영상/센서 정보

실내외 공간 정보 플랫폼

모바일 증강현실 시스템

21세기 지도

과거 종이지도는 위치 정보 중심으로 활용되었으나, 디지털 공간 정보는 전 분야에 필요한 핵심 서비스로 부상했다.

출처 : 서울시

생활 공간 정보 제공 등의 다양한 서비스를 제공해 고부가가치를 창출하는 방향으로 사업을 추진하고 있다.

이렇게 공간 정보 기술은 현실 세계를 지능화하거나 가상 세계와 만나 현실 세계의 삶을 개선하는 역할을 한다. 또, 메타버스 가상 세계를 보다 구체적이고 실감 있게 표현하는 데 중요한 기술요소로 활용될 것이다.

◇ 공간 정보의 활용

공간 정보는 타인과의 소통, 정보의 공유를 통해 시민들의 삶의 질 향상에 도움을 준다. 공간 정보를 활용한 대표적 서비스로는 교통 정보의 실시간 모니터링, 대중교통의 도착 정보, 주변 상권 검색 등이 있다.

또한 공간 정보는 재난상황이나 범죄 발생을 예방하게 해준다. 공간 정보가 반영된 사진이나 동영상, CCTV를 활용해 차량번호를 인식하고 차량 DB와 연동해 운영하면 각종 재난이나 범죄 상황을 사전에 예방할 뿐 아니라 적절한 대응을 가능하게 해준다. 공간 정보는 위치기반 서비스의 이용을 가능하게 한다. 사물인터넷 환경에서 위치기반 서비스를 이용해 차량을 운행하거나, 물류 서비스를 이용하며 최적의 경로와 물류 체계를 안내받을 수 있다.

스마트 홈, 스마트 팩토리, 나아가 스마트 시티에도 공간 정보는 핵심적인 역할을 한다. 디지털 공간에서 물리적 대상을 모니터링하고 적절히 제어할 수 있기 때문이다. 이 밖에 자율주행자동차, 드론, 로봇 등 스마트 모빌리티가 도시 인프라와 실시간으로 정보를 공유하고, 쌍방향으로 운영되기 위해서는 보다 정확하고 정밀한 공간 정보가 필요하다.

공간 정보 시스템은 3D 가상 도시 체험 서비스를 가능하게 했다. 이들 기술은 기존에도 시도되었으나 당시에는 기술과 운영 환경 등 기술 인프라의 부족으로 실현되기 힘들었다. 최근 5G 도입, 각종 센서, 그래픽스 처리장치 등을 통해 3D 가상 도시를 가능하게 했다. 한국토지주택공사(LH)는 2021년 말 3기 신도시를 3D 모델로 구현하고, 가상체험 서비스를 실시했는데, 이 서비스를 통해 조성이 완료된 지역과 공급예정인 아파트의 모습을 3차원의 가상현실로 실현했다.

서비스 이용자는 관심 있는 지구와 주택을 선택해 단지 외관과 세대별 평면은 물론, 층별 조망, 일조량까지 확인할 수 있다. 세대별 조망 정보는 주택 블록, 동, 층수를 설정해 확인할 수 있으며, 인근 풍경을 담은 항공사진과 연계해 주택 발코니에서 펼쳐지는 자연 경관 등도 경험할 수 있도록 했다. 또, 경로이동 서비스를 통해 가상으로 도시를 걸으며 지구 내 공공시설이나 학교 등도 이용해볼 수 있게 했다.

⬡ 메타버스로 진화하는 공간 정보

3차원 공간 정보를 토대로 한 도시 관리 서비스는 이제 메타버스 디지털 공간으로 진화하고 있다. 메타버스는 가상의 공간을 만들고 그 안에 현실과 유사한 다양한 대상을 담아 디지털 가상 세계를 만든다. 그리고, 그 공간 안에서 참여자들의 분신인 아바타들이 활동하게 한다. 그런데 이 가상 세계에 만들어진 공간은 다소 조악하고 현실과 동떨어진 부분이 있다.

공간 정보를 활용한 디지털 트윈으로 현실 세계의 형상을 보다 생생하게 재연한다면 보다 실감나고 다양한 메타버스의 세계를 경험할 수 있을 것이다. 가상과 현실이 결합된 가상 공간에서 모임과 교제, 판매 등 경제활동을 해나간다면 메타버스는 또 하나의 현실 공간으로 탈바꿈할 것이다.

공간 정보 산업이 미래 디지털 경제의 견인차로서 차세대 성장 동력으로 급부상하고 있다. 현실 세계는 물론, 메타버스 가상 세계에서도 공간 정보는 가장 핵심적인 기술이 되었다. 공간 정보를 통해 그려갈 디지털 트윈과 메타버스 세계를 상상하는 것이 즐겁다.

6

부동산과 공간의 기술혁신,
프롭 테크

　서울 강북구에 사는 30대 직장인 A씨는 판교로 직장을 옮기게 되어 판교에 아파트를 구하고 있다. A씨가 휴대폰으로 부동산 프롭 테크 회사의 앱을 통해 확인해보니 직장 근처에 적당한 매물이 있었다. 앱에서 구현되는 3차원 가상현실을 통해 단지 내의 건물과 집의 위치를 확인하고 집의 내부까지 들어가본다. 앱을 통해 3차원 가상현실로 집의 내부 구조를 확인했고, 거실과 방 등 각 위치에서 보이는 외부전경까지 확인할 수 있었다. 집이 마음에 든 A씨는 매물을 올린 공인중개사에게 메신저를 하고 화상으로 통화한다. 공인중개사는 A씨에게 그 집의 계약조건을 설명해준다. A씨는 임대조건을 승낙하고 앱을 통해 온라인상 전자계약을 진행한다. 전자계약은 공인인증, 전자서명, 부인방지 기술을 적용해 체결되었고, 실거래신고와 확정일자도 자동적으로 부여받았다. 거래계약서와 확인설명서 등 서류는 공인된 문서보관 센터에 보관된다. A씨는 인테리어와 이사도 프롭 테크 앱을 통해 진행할 예정이다.

◈ 부동산 서비스의 신산업, 프롭 테크

　최근 이슈가 되고 있는 프롭 테크를 이용해 집을 구하는 방법을 재현해봤다. 프롭 테크는 부동산(Property)과 기술(Technology)이 결합된 용어다. 금융(Finance)과 기술(Technology)의 합성어를 핀테크(FinTech)라고 부르는 것과 같은 맥락이다. 부동산 산업에 IT와 디지털 기술을 접목해 온라인으로 부동산 서비스를 제공하는 산업을 말한다. 인공지능, 가상현실, 증강현실, 3D 설계, 블록체인 등 첨단 기술이 부동산 산업과 연계되면서 부동산 앱을 이용한 마케팅 플랫폼, 부동산 관리 서비스, 공유 서비스, 데코·인테리어, IoT 스마트 홈, 3D 공간 구현, 인공지능 건축설계 등 부동산 산업의 모든 밸류체인에서 디지털 전환이 이루어지고 있다.

　산업 전반이 IT를 통해 획기적으로 발전해왔으나 부동산 시장은 그렇지 못했다. 가장 보수적이고 효율성이 떨어지는 시장이었다. 그 원인은 무엇일까? 분당과 일산 등 1기 신도시 개발로 시작된 아파트의 대량 공급은 지금까지 계속되고 있다. 짧은 시간에 많은 물량의 아파트를 공급하다 보니 부동산 시장은 수요자보다 공급자 위주로 발전해왔다. 공급자가 수요자보다 많은 정보를 가진 정보의 비대칭성은 부동산 시장의 변화를 지연시켰다. 공급자와 수요자가 같은 정보를 가진 동등한 입장에서 계약이 어려웠다. 이러한 환경에서 일반 소비자가 선택할 수 있는 부분은 매우 한정되었다. 또, 부동산 시장 특유의 폐쇄성과 보수성은 새로운 기술이나 트렌드를 받아들이지 못하는 요인이었다.

최근 부동산 시장은 프롭 테크 산업의 성장으로 변화를 맞이하고 있다. 프롭 테크 산업의 성장은 코로나 팬데믹과 디지털 전환의 역할이 크다. 코로나 팬데믹은 대면 계약에 대한 부담 증가로 비대면 플랫폼의 수요를 높였다. 인공지능, 빅 데이터, 가상현실 등 IT·디지털 기술의 발달은 수요자와 공급자 간 정보의 비대칭성을 해소해 부동산 시장을 소비자 중심으로 바꿀 수 있는 환경을 만들었다.

◇ 발품이 아닌 손품 파는 시대

프롭 테크는 초기에는 부동산 매물을 확인하고 중개하는 단계였다. 그러나 최근 인공지능, 가상현실, 3D 설계, 블록체인 등 첨단 기술의 도입으로 부동산에 대한 온라인 현장 확인, AI 매물 추천 및 평가, 부동산 시세 추정 및 세금정보 제공, 빅 데이터 기반의 자산관리 등 그 영역을 넓히고 있다. 국토교통부 자료에 따르면, 글로벌 프롭 테크 시장 규모는 2016년 18억 2,300만 달러에서 2019년 90억 1,500만 달러로 커졌다. 불과 3년 만에 5배 가까이 성장했다. 프롭 테크에 투자하는 기업도 늘고 있는 추세다. 국내에서는 2018년 26개에 불과하던 한국 프롭 테크 포럼 가입사가 2022년 316개로 12배 이상 늘어난 것으로 나타났다.

프롭 테크는 부동산 빅 데이터를 기반으로 정보의 비대칭성을 해소하고 공정하고 안전한 거래를 가능하게 한다. 부동산 가치에 영향을 미치는 다양한 데이터를 인공지능을 통해 분석하고, 실시간 변동되는 자료를 소비자에게 지원해줌으로써 부동산 거래 시 도움을 준다. 소비자들은 거래 시 직접 현장을 방문해 매물을 확인하고 거래하는 대신 프롭테크 업체의 앱을 이용해 매물 탐색부터 계약에 이르기까지 원스톱으로 해결 가능한 서비스를 이용할 수 있다. 앱을 통해 매물을 검색한 뒤 3D로 만들어진 VR로 내부 및 단지를 확인한 뒤 가격검토를 거쳐 계약까지 하게 된다는 것이다.

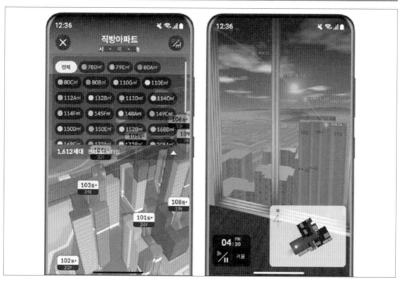

프롭 테크 온라인 임장

프롭 테크 기술의 발달로 현장에 방문하지 않고 단지와 주택 내부, 각 위치에서의 뷰를 확인하는 등 부동산 매물을 세밀하게 확인할 수 있는 '온라인 임장'이 가능해졌다. 발품이 아닌 손품을 파는 시대가 온 것이다.   출처 : 직방

기존의 부동산 앱이 부동산 거래를 위한 방법으로 활용되고 있다면, 소비자에게 적합한 부동산 매물을 추천해주는 부동산 앱들도 인기를

끌고 있다. 부동산 스타트업 리얼리랩은 이용자의 활동지역과 대중교통 소요시간, 거래금액, 공간크기 등의 자료를 입력하면 AI를 통해 이용자에게 적합한 부동산 매물을 추천해준다. 한국부동산원 등 77개 기관의 외부 데이터를 추출해 분석했는데, 데이터를 이용해 AI가 다양한 결과를 찾아내는 기술에 대해 특허를 냈다고 한다. 이 앱의 장점은 기존 거리에 초점을 맞춘 부동산 앱과는 달리 수요자의 초점에 맞춘 서비스를 제공하는 것이라고 한다.

⬡ 프롭 테크 시장의 확장

프롭 테크는 건설사의 설계 및 시공, 인테리어 분야로도 시장을 넓히고 있다. 빅 데이터로 분양입지를 선정하고 손익분석을 하는 건설사가 늘고 있다. 인공지능 기반의 건축설계를 하고, 드론 기반의 현장 측량 및 시공을 도입하기도 한다. 오래된 주택의 인테리어에는 빅 데이터와 인공지능, 실시간 3D 기술을 활용해 디자인을 한 후, VR·AR 체험서비스를 실시해 소비자의 만족도를 배가시키고 있다.

3D, VR 기반의 사이버 모델하우스를 통해 지어질 주택의 내부를 확인할 수 있다. 또, AR 기술을 이용해 공간배치 및 구매자의 취향에 따른 공간배치 및 재구성도 가능하다. 이러한 움직임은 오프라인 모델하우스 설치로 인한 비용을 절감하는 효과도 있다. 최근에는 메타버스 기술로 모델하우스 자체를 온라인 공간으로 옮긴 곳도 있다. 최근 현대건

설, 우미건설, 대우건설, 포스코건설 등 국내 주요 건설사들은 프롭 테크 전문업체와의 사업협력이나 지분 투자의 방식으로 프롭 테크 영역에서 신규 투자를 진행하고 있다.

이 밖에도 공유숙박, 공유오피스 등 상업용 부동산에 대한 공간 공유 서비스 플랫폼의 역할과 부동산 투자와 금융 분야인 부동산 핀테크와 연계해 각종 부동산 관리 분야에도 프롭 테크의 진입이 활발하다. 최근 건설현장의 사고가 자주 발생하는데, 프롭 테크 기술을 활용한다면 건설현장의 안전강화에도 도움을 줄 수 있다.

이러한 부동산의 디지털화에 따라 정부기관인 대통령 직속 4차 산업 혁명위원회도 핵심적인 부동산 데이터를 공개하고 있다. 공개하는 자료는 중개인 소재지 정보, 공장·창고 등 건축물에 대한 실거래가, 민간이 활용하기 어려웠던 건축물 평면도 등이다.

프롭 테크로 인해 부동산의 트렌드가 변화하고 있다. 이 변화는 디지털의 경험이 많고 스마트한 소비양식을 가진 MZ세대가 이끌고 있다. 여기에 기술과 아이디어로 무장한 혁신 스타트업들이 출현해 우리나라 프롭 테크를 혁신으로 이끌고 있다. 프롭 테크의 본질은 기술을 활용한 부동산 산업의 선진화이며, 이는 국가별, 세부 분야별 속도의 차이는 존재하나 거스르기 어려운 메가트렌드(Megatrend)이다. 이러한 시대의 흐름에 대응하기 위해서는 부동산과 기술의 융합 수준을 높여 더욱 속도를 높여야 할 것이다.

뉴 노멀로의 진화,
메타버스와 ESG

코로나 팬데믹과 디지털 전환의 가속화로 기업경영에 불확실성이 더욱 커졌다. 이러한 경영환경 속에서 기업들은 그동안 견지해왔던 '성장 위주의 경영전략'에서 생존을 위해 보다 예측 가능한 전략으로의 전환이 필요하다는 것을 공감하기 시작했다. 그래서 등장한 것이 '지속가능한 경영전략'이다. 지속가능한 경영은 기업이 사회적, 경제적, 환경적인 책임을 바탕으로 해서 보다 예측가능하고 지속가능한 발전을 추진하겠다는, 경영의 새로운 패러다임이다.

◇ 지속가능성을 위한 새로운 경영지표

성장 위주 기업경영의 시대에 기업의 목표는 주주 이익의 극대화였다. 그동안 기업은 주주이익의 극대화에 몰입해 종업원, 협력업체 등

이해관계자와 경영활동 과정에서 훼손한 환경에 대해 별다른 관심을 가지지 않았다. 우리 사회 역시 기업에 환경 윤리를 요구하지 않았다. 그러나 현재와 같이 불확실성의 시대에는 기업이 안정적으로 생존하는 전략이 필요하고, 이를 위해서는 '환경(Environment)과 사회(Social)의 안녕을 해치는 의사결정(Governance)을 해서는 안 된다'라는 개념을 중시한다. 지속가능한 경영의 성과는 재무적인 수치로 측정하고 비교하기 어렵다. 이를 객관적으로 측정하고 평가할 수 있는 공통된 기준이 탄생했는데, 그것이 바로 ESG이다. ESG(Environment, Social and Governance)는 지속가능 경영 성과를 비교 측정하고 평가할 수 있는 공통지표이며, 기업 간 비교를 통해 책임 있는 투자가 되도록 도와주는 새로운 경영지표이다.

◈ 지속가능성을 향상시키는 ESG

환경이 파괴된다면 인류의 삶은 지속할 수 없을 것이다. 기업은 사회의 근간이다. 기업이 이익만을 추구하며 모든 자원을 낭비한다면 그 사회는 미래가 없다. ESG는 기업이 이익창출을 넘어 전 사회적으로 긍정적인 가치를 만들어내고 이를 명확한 기준으로 자리 잡게 하는 기업경영의 새로운 패러다임이다.

ESG는 '환경(Environment), 사회(Social), 지배구조(Governance)'의 약자이다. 이들은 기업경영에서 수치화하기 힘든 비재무적 요소들이다. 기업이 단순히 재무적인 이익만을 추구하는 것이 아니라, 기업을 둘러싼 이해관계자들에게 얼마나 기여하는지, 환경보존을 위해 책임을 다하는지, 투명한 지배구조를 가지고 있는지 등 이러한 것들에 대해 다각적으로 평가하는 것이다. ESG는 윤리적인 책임을 다하는 기업에 투자하는 사회적 책임 투자의 지표가 되기도 한다.

아무리 많은 이익을 발생시키고, 시공능력이 뛰어난 기업이라도 산업재해로 종업원이 상해를 입었거나, 과다하게 탄소를 배출시키거나, 유해한 폐기물을 다량으로 발생시켜 사회에 해를 입힌다면 높은 평가를 받을 수 없다. ESG 경영의 목표는 환경을 보호하며, 이해관계자들의 가치를 높이고, 사회에 기여할 뿐 아니라, 건전한 지배구조를 가지고 장기적인 관점에서 지속적으로 성장하는 기업을 만드는 것이다.

ESG의 구성요소			
ESG	환경 (Environment)	사회적 책임 (Social)	지배구조 (Governance)
핵심 키워드	기후변화, 탄소 배출, 천연자원, 환경오염, 생물 다양성, 물 부족, 에너지효율, 재활용	인재, 인권, 노동·안전, 제품안전·품질, 공급망 공정거래, 고객만족, 개인정보보호, 성평등	준법경영·공정경영, 반부패·컴플라이언스, 이사회·감사위원회, 내부고발제도·공시

◇ 가치가 증대되는 비재무적 경영지표

그동안 기업의 가치를 평가하는 잣대는 재무적 관점의 경영활동에 국한되어왔다. 사업이 잘되어 기업에 투자한 주주들에게 적정한 이익을 분배하면 기업의 책임을 다한 것이라고 인식해왔다. 그러나 패러다임이 바뀌었다. 새로운 패러다임은 재무적인 관점의 경영활동만큼 비재무적 관점에서의 경영활동도 중시되어야 한다는 개념이다. 재무적관점의 경영활동은 기술과 제품·서비스혁신, 투자 등을 통해 매출과 이익극대화를 이루고, 그 경영성과를 재무제표를 통해 자본 시장에 공시하는 활동이다. 이제는 비재무적 경영활동이 중요한 평가항목으로 대두되었고 이는 ESG로 평가되고 있다.

기업평가에 ESG가 반영되는 것은 세계적 추세다. EU나 미국 등 선진국은 기업의 ESG 도입을 의무화하고 있을 뿐 아니라 자회사, 공급사, 하청업체 등에 대해서도 실사 의무를 부담하고 있다. 그래서 ESG도 적절한 전략과 공시에 대한 계획이 수립되지 않으면 기업경영에 어려움을 겪을 수 있다.

특히, 코로나 19 이후 기업들의 ESG 경영은 빠르게 진화하고 있다. 새로운 트렌드의 내용은 Net Zero, RE100(Renewable Energy 100), 친환경운송, 신재생에너지, 사회공헌활동, 개인정보보호, 협력사 기술지원, 디지털 전환, 스마트 공장 구축, 직원건강 및 안전관리, 내부회계 관리 강화, 기업지배구조 공시 확대 등이다.

ESG 목표달성을 위해서는 노력이 필요하다. ESG 관점에서의 비전과 목표를 설정하고 이를 달성할 수 있는 전략과 과제, 실행체계를 구축해야 한다. 또, 거버넌스를 선진화해야 한다. 기술개발을 통해 친환경제품의 포트폴리오를 구축해야 한다. 신재생에너지 활용을 늘리고, 기업에 맞는 ESG 모델을 구축해야 한다. ESG의 효율적인 공시를 위해서는 지속가능보고서를 발간해야 한다.

ESG 경영은 피할 수 없는 대세이다. 이미 모든 기업들이 새로운 성장 동력의 기회로 ESG를 활용하고 있다. ESG는 단순히 리스크 대응 차원이 아니다. 새로운 미래 환경에서 기회를 누가 잡느냐 하는 것은 ESG 경영 내재화에 달려 있다. ESG 경영으로 기업가치가 상승되고 지속가능성이 재고되도록 해야 한다.

⬡ ESG는 도시에도 시급한 과제

도시는 녹지훼손, 환경오염, 인구과잉, 교통 혼잡 등 고밀개발로 인한 다양한 문제를 야기하는 장소이다. 도시가 지속가능한 발전을 하기 위해서는 기업에서처럼 엄격한 ESG의 실천이 필요하다. 도시에서의 ESG는 어떤 관리 포인트가 있을까? 그것은 기후변화와 양극화 해소, 시민 거버넌스 구성 등이다.

탄소중립을 위한 에너지 전환, 공원 및 녹지의 조성, 폐기물 감축, 에너지제로 주택건설 등 친환경 생태도시 건설을 위한 노력이 필요하다. 도시 내 안전보건 시스템을 구축하고 양극화 해소를 위한 정책, 각종 사회문제 해결을 위한 제도를 도입해야 한다. 도시 내 거버넌스 확립을 위해서는 청렴성 확보를 위한 윤리경영, 인사제도의 혁신, 시민참여·열린소통 등 다양한 창구를 만드는 것도 필요하다.

🔷 지방자치단체에 부는 ESG 바람

ESG 경영에 많은 기업들이 뛰어들고 있는 가운데, 지방자치단체에서도 ESG 행정이 화두로 떠오르고 있다. 지난 2021년 11월, 우리나라 지방자치단체 중에서는 포항시가 처음으로 ESG를 실천하는 도시가 되겠다고 선포했다.

포항시는 친환경도시로의 전환을 선포하고 다양한 ESG 활동 계획과 목표를 제시했다. 포항시는 2050 탄소중립 '환경드림시티 비전'과 함께 '그린웨이 정책'을 발표했다. 그 내용에는 수소·2차전지 등 미래 친환경 산업의 육성, 사람 중심의 생태환경 도시로의 전환 등이 포함되어 있다. 또, '세계시민도시 ESG 포항'을 선포하기도 했는데, 이는 지역경제와 도시환경, 시민생활 등 도시 전 분야에 ESG 가치를 확산시키기 위함이었다. 포항형 ESG의 추진방향은 탄소중립, 에너지 전환, 자원순환, 사회적 책임, 열린 소통 강화 등 다섯 가지로 집약되는데, 자원 재활용과 친환경 에너지 전환 비율을 높여 탄소 배출을 줄이는 것이 목표다.

서울시 기초자치단체에서는 성동구가 ESG 정착에 앞장서고 있다. 성동구는 2022년 2월, '2022 성동형 ESG 정책종합계획'을 수립하고 지속가능한 ESG 도시로서 변신을 선포했다. 생활쓰레기 감량, 미세먼지 관리, 스마트 돌봄 서비스, 마을공동체 활성화 등을 추진하고 있다. 이 밖에 중랑구는 대학생이 참여하는 멘토링 프로그램을, 마포구는 지역 내 시니어를 위한 프로그램을 진행하고 있으며, 영등포구도 주민주도형 평생학습 프로그램을 개설하는 등 기초지방자치단체에서 ESG 활동의 붐이 조성되고 있다.

⬢ ESG를 담은 지속가능발전기본법

2021년 12월, 국회에서 ESG와 관련 내용이 포함되어 있는 '지속가능발전기본법'이 통과되어 2022년 7월부터 시행 예정이다. 기후위기에서 촉발된 경제, 환경, 사회의 각종 문제를 해결해 지속가능성을 높이겠다는 취지로 만들어진 법이다. 2007년에 최초로 제정되었는데, 2010년에 저탄소 녹색성장 기본법을 제정할 때 지속가능발전법(일반법)으로 개정되었다가, 이번에 다시 기본법으로 격상된 것이다. 주요 내용은 국가와 지방정부의 지속가능발전목표(SDGs)의 수립과 이행점검을 의무화하고, 대통령 소속 및 지자체장 소속으로 각각 지속가능발전위원회를 설치하도록 명시했으며, UN의 지속가능발전목표를 반영해 국가와 지방의 지속가능발전 지표를 개발하고, 국가 및 지역의 기후·환경위기 대응, 녹색전환을 통한 지속가능한 경제성장을 도모하고, 포용적 사회 구현에 대해 노력한다는 내용이 담겨 있다.

지속가능발전기본법의 2022년 7월 시행에 앞서 지방정부에서는 이 법을 반영한 조례개정에 나서고 있다. 이 법의 시행을 계기로 우리나라 가 중앙부터 지방까지 ESG에 대한 인식을 새로 하고, 우리의 도시를 지속가능한 친환경도시로 만들어 미래세대에게 물려주고자 하는 계기 가 되었으면 하는 간절한 마음이다.

⬡ 메타버스와 ESG

최근 가장 뜨거운 이슈로 떠오르고 있는 핵심키워드는 메타버스와 ESG이다. 혁명적으로 우리 삶에 다가온 두 단어를 연결시키는 것은 쉽 지 않다. 그러나, 최근 이들의 상관관계에 대한 논의가 진행되고 있다. 메타버스를 ESG에 접목하려는 움직임인데, 메타버스 기술들이 탄소

낭비요소를 줄이는 메타버스

메타버스 공간에서 회의, 행사를 하면 각종 낭비요소를 줄일 수 있어 메타버스 ESG 경영이 가능해진다.

출처 : 게티이미지뱅크

배출을 절감시키고, 업무프로세스에서 다양한 낭비요소를 줄이는 효과가 증명되고 있기 때문이다. 메타버스의 일종인 디지털 트윈은 현실 세계와 같은 쌍둥이를 가상 세계에 구현해 현실 세계의 낭비를 획기적으로 줄여주는 기술이다. 이 기술은 새로운 공장을 만들거나 운영하는 데그치지 않고, 새로운 사업에 대한 투자나 경영프로세스를 최적화하는데도 활용되고 있다.

메타버스를 활용한 행사나 교육은 준비와 참석에서 오는 다양한 낭비를 줄일 수 있다. 강의나 멘토링, 전시회 등 각종 행사를 메타버스 가상 공간에서 진행함으로써 행사장 및 장비대여 등 각종 비용과 자원의소모를 최소화할 수 있다. 또, 참석자들의 이동을 최소화함으로써 탄소배출량을 감소할 뿐 아니라 고객과의 신뢰를 통해 지속가능한 비즈니스 모델을 구축할 수 있다.

세계는 오늘도 급변하고 있다. 도시들도 변화에 몸부림을 치고 있다. 도시는 시민이 만들어가야 한다. 지속가능한 도시를 만들기 위해서는시민의 참여가 필수적이다. 이런 시민들의 노력이 도시를 더욱 환경 친화적이고, 안전하며, 사람이 중심이 되는 첨단 자족도시로 변화하게 할것이다.

메타버스 시티

METAVERSE

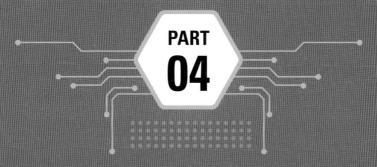

PART
04

대전환기의
미래 도시

콤팩트 시티는 무분별한 도시 확장, 스프롤을 해소하는 방안이다.
도심을 고밀·복합 개발하고 교외화를 방지해 녹지를 보존한다.
성공적인 콤팩트 시티를 위해 필요한 것은 용도복합화이다.
용도복합화를 위해서는 용도지역제의 유연한 적용이 필요하다.

메가시티는 지방소멸의 우려를 해소할 수 있다.
메가시티는 핵심 도시를 중심으로 일일생활이 가능하도록
연결된 대도시권이다.
혁신적인 일자리, 거주 환경, 든든한 행정 서비스로 무장한
메가시티는 우리나라 지역균형발전을 견인할 것이다.

도시의 재생능력을 키워야 한다.
혁신과 전환을 통해 도시의 기능을 회복해야 한다.

포화 상태에 있는 대도시의 지상 공간을 시민에게 돌려주고,
블루오션인 지하 공간을 개발할 필요성이 있다.

첨단 기술을 이용해 도시에서 발생하는 문제와 비효율을 해결해
시민들의 삶을 편리하고 쾌적하게 해주는 도시가 스마트 시티이다.

스마트 시티를 가능하게 하고 빛나게 하는 기술은 '메타버스'이다.

1

도시 스프롤의 해법,
콤팩트 시티

1950년대 미국의 중산층들이 도심을 떠나 교외 지역에 단독주택을 짓고 대거 이주함으로써 발생한 도시 스프롤은 외곽 지역에 대한 지나친 녹지의 훼손, 자동차 이용의 증가를 불러왔고, 이것은 에너지 낭비와 환경오염의 원인이 되었다. 도시의 인프라가 갖춰지지 않은 상황에서 거주지가 저밀도로 무분별하게 확산되면서 각종 재해와 질병 등 위생문제를 야기했을 뿐 아니라 이들이 떠난 도심이 공동화되고 노후화되기도 했다.

콤팩트 시티는 스마트 성장, 뉴 어바니즘(New Urbanism) 등과 함께 20세기 중반의 극심한 도시 스프롤을 해소하기 위한 방안으로 생겨난 도시계획의 사조이다. 콤팩트 시티는 도시의 주요 기능을 도시 내부에 배치하고, 높은 밀도와 복합적인 토지 이용을 통해 도시의 집약화, 자원의 효율화를 추구하는 도시계획 개념인데, 미국에서는 스마트 성장이라는 용어를 더 많이 사용하고 있다. 스마트 성장은 뉴 어바니즘과 맥을 같이 한다. 뉴 어바니즘은 도시의 무분별한 확산에 의한 도심황폐화, 긴 통근거리와 낭비적 교통수요, 이로 인한 생태계 파괴와 환경오염 등 도시문제를 극복하기 위한 대안으로 도시적 생활요소를 전통적인 생활방식으로 되돌리고자 하는 신전통주의(Neo Traditional) 운동이다. 전통적인 근린주구 기법에 근거한 근린개발, 대중교통지향, 복합용도개발 등이 뉴 어바니즘의 주요 계획개념이다.

◇ 콤팩트 시티와 스마트 성장

콤팩트 시티는 주거와 상업, 오피스 시설 등 주요 도시기능을 도심에 입지시켜 높은 밀도로 혼합적인 토지 이용을 하는 개념으로, 도시 내부가 고밀·복합화되고 공원, 공공시설, 대중교통 등 각종 인프라의 효율적인 배치와 이용이 가능하고, 도시 내부 인프라 유지비용의 절감이 가능하다. 직주근접으로 인한 도보나 자전거 또는 대중교통이용이 가능하고, 통근으로 인한 이동거리 감소로 환경오염과 기후변화 등에 대응할 수 있다. 도시 외곽으로의 무분별한 확산현상인 스프롤을 방지해 녹지훼손도 방지할 수 있다. 이 밖에 콤팩트 시티는 주민 간 접촉기회 증가로 사회적인 커뮤니케이션 활성화를 통해 사회계층 간 통합을 가져올 수 있다.

스마트 성장도 같은 개념이다. 자연환경을 파괴하지 않고 경제성장을 지속하면서 상호협의를 통한 의사결정체계에 근거해 시민의 삶의 질 향상을 유도하는 성장 관리적인 도시계획 방법이다. 스마트 성장은 공공 공간을 강조하고 개발계획과 진행과정에서 이해당사자 간의 조정과 협의를 중시한다. 개인승용차와 고속도로를 중심으로 무분별하게 퍼지는 스프롤의 문제를 해소하고 보다 스마트한 방식으로 도시계획을 진행함으로써 도시의 성장을 지속하면서도 다양한 도시문제와 환경훼손을 개선하는 도시 성장 모델이다. 2002년 미국 '국제 도시·주 관리 연합'에서 발표한 '스마트 성장의 이해'에서 다음과 같이 '스마트 성장의 열 가지 원칙'을 제시했다.

스마트 성장의 열 가지 원칙		
구분	스마트 성장 원칙	기대 효과
1	복합적인 토지 이용	주거, 업무, 상업을 근접배치해 도보활성화
2	고밀 근린설계방식	녹지보전 및 대중교통수단 활성화
3	주거기회와 선택권 제공	다양한 소득, 연령계층 배려한 주거 제공
4	걷기 편리한 커뮤니티 조성	사회적 약자배려, 주민 건강 개선
5	강한 장소성의 커뮤니티 조성	주민은 자부심, 방문객은 좋은 이미지
6	환경적으로 중요한 지역보존	주민들의 삶의 질 개선
7	기존 커뮤니티 강화	직주근접, 기반시설활용, 외곽 개발 억제
8	교통수단 선택의 다양성 제공	교통수단의 연계성 확보
9	예측 가능, 공정, 효율적인 개발	지역경제활동에 인센티브 제공
10	개발결정 과정에서 관계자 협력	이해관계자 참여로 해결책 모색

우리나라의 경우는 지방 중소 도시를 중심으로 콤팩트 시티 전략이 필요한 환경이 조성되었다. 지방 중소 도시들의 도시기본계획을 보면

기초단체장들의 장기비전에 따른 인구증가를 예측하고, 이에 따라 도시계획을 수립하고 있다. 지방 중소 도시는 현재 극심한 인구감소와 구도심의 공동화가 진행되고 있으나, 도시 외곽에 대규모 택지개발을 통한 아파트, 대형 마트 등을 건축해 인구가 도시 외곽으로 이동하게 하고 있다. 이로 인해 교통 및 상하수도 등 기반시설 유지를 위한 1인당 비용이 급격히 증가하고, 도시 내 인구밀도 감소는 도시 전체의 경쟁력을 약화시킨다.

🔷 도시별 특성에 맞는 콤팩트 시티

대도시권은 대부분 다핵중심권으로 구성되어 있고, 지방 중소 도시는 도심을 중심으로 단핵구조로 형성되어 있다. 다핵구조를 가지고 있는 경우는 각 중심지 간의 기능과 특성을 고려해 역할의 차별화가 필요하며, 단핵구조를 가지고 있는 경우는 하나의 중심지에서 도시 전체의 중심지로서의 기능을 분명히 해야 한다. 대부분의 지방 중소 도시의 경우 행정기관 등 인프라가 구도심에 있음에도 불구하고 도시 외곽에 신시가지를 조성하고 구도심과 신시가지 간의 기능역할을 구분하지 못해 도시 쇠퇴를 가져오기 때문이다.

다핵구조를 가지고 있는 경우는 서울시의 사례를 참고해 각 중심지의 기능을 명확히 할 필요가 있다. 서울시의 2040 서울플랜의 중심지 체계를 보면, 서울시는 3도심 7광역 중심 12지역 중심으로 서울시의

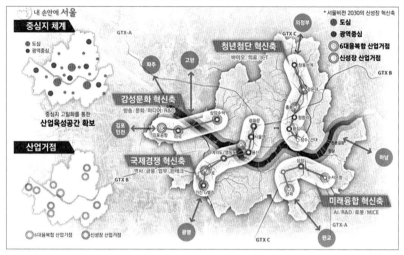

2040 서울비전

서울시는 3도심, 7광역 중심, 12지역 중심의 생활권 다핵체계와 4대 신성장 혁신축으로 구성된 서울비전 2040을 발표했다.

출처 : 서울시

공간 구조를 다핵화한 2030계획을 유지했다. 3도심은 서울도심(중구·종로구 일대), 강남, 여의도이다.

  기존 한양도성 1도심 체제에서 비대해진 도심의 역할을 분산해 균형을 이루고자 했다. 이때 서울도심은 첨단과 전통이 공존하는 미래도심으로, 강남은 국제 업무 중심지로서의 역할을, 여의도는 글로벌 금융 중심지로서의 역할을 강화했다. 이 밖에도 7개의 광역 중심지, 12개의 지역 중심지를 산업과 연계해 4대 신성장 혁신축의 활성화를 위한 발전의 거점으로 만들어 밀도 있게 개발하고, 외곽의 녹지축은 남겨놓는 중심지별 콤팩트 시티를 구상하고 있다. 광역 중심은 용산, 잠실, 상계 등 7개인데, 이들은 서울시의 경계부나 외곽에 입지해 서울 대도시권

차원에서 거점역할을 하도록 했다. 서울 대도시권 배후지에서 도심으로의 통행량을 흡수하고, 도심 또는 지역중심과 연결하는 역할이다.

◇ 역세권은 훌륭한 콤팩트 시티

역세권을 고밀·복합 개발해 직주근접의 콤팩트 시티를 조성해야 한다. KTX 등 광역교통의 역사가 있는 도시는 KTX역을 중심으로 복합개발을 진행해야 한다. KTX는 다른 대도시권과의 공간적 거리를 줄여주며, 환승역세권으로 도시 내부의 중심지 역할을 하게 해준다. 광역교통망과 지역 철도 간 연계성을 확보해 도시 간 네트워크를 강화할 수 있도록 해야 한다.

천안 역세권 도시재생사업 조감도

역세권을 통한 도시재생사업은 원도심 활성을 불러와 콤팩트 시티에 기여할 것이다.　　　출처 : 천안시

구도심의 최대 인프라는 철도이다. 어느 도시나 전통적으로 대표 교통수단인 철도를 이용했고 철도역을 중심으로 상권이 형성되는 등 중심지가 구축되었다. 지방 중소 도시는 구도심을 중심으로 콤팩트 시티를 조성해야 한다. 기존 철도 역사를 주변으로 고밀도의 콤팩트 시티를 조성해 도심을 살려야 한다.

역세권 복합개발을 통해 고밀도의 업무시설과 상업시설, 주거시설을 배치하고 도심에서 가능한 창조산업을 유치하면 진정한 직주근접을 이룰 수 있다. 이것은 승용차 이용을 줄이고, 도보와 자전거 등 친환경 대중교통의 활용을 증가시켜 탄소 저감효과를 기대할 수 있다. 이를 위해서 역세권을 중심으로 고밀개발이 가능하도록 용적률을 상향하고 용도를 복합화하는 인센티브를 부여해야 한다. 대신 증가된 용적률의 일정 부분은 지역에 필요한 생활서비스시설과 공공임대시설을 설치하도록 해 청년인재가 도시에서 거주할 수 있도록 유도해야 한다.

◇ 지속가능한 도시 관리를 위한 스마트 축소

우리나라는 현재 인구가 정체되어 있고 향후 감소할 것으로 예측되고 있다. 목표인구가 감소하면 그에 따라 도시계획도 축소되는 것이 마땅하다. 이에 따라 도시 공간을 효율적이고 지속가능하도록 하기 위해서는 도시의 확장을 지양하고 압축적인 도시 구조를 만들도록 계획을 수정해야 한다. 시가화 면적의 확대는 그 자체로 기반시설 유지비용의 부담증가를 초래하므로 외곽 개발을 최대한 억제하고 기존 도심으로 역량을 집중할 필요가 있다.

특히, 인구감소 및 초고령화가 가시화되고 있는 지역의 경우, 지역특성에 맞는 적정한 도시재생이 필요하다. 노후하고 쇠퇴된 도시를 대상으로 그 특성에 맞춰 덜 개발하고 불필요한 공간을 비우는 '스마트 축소'가 현재 필요한 도시계획 방식이다. 축소가 진행 중이거나 예상되는 도시에 대해 주민의 삶의 질을 향상시키고, 효율적인 투자를 통해 공공서비스의 질을 제고하는 것이다. 수요가 많지 않고, 이용률이 낮은 공간들에 대해서 주민 스스로가 축소를 수용하는 마인드가 스마트 축소 전략을 성공적으로 이끌 것이다.

도시 공간 구조의 조정은 장기적인 미래를 공유하며 보다 광역적인 입장에서 도심의 콤팩트화를 진행해야 한다. 생활권의 개념을 기초지방자치의 기준이 아니라 더욱 광역화하고 네트워크화하는 것이 필요하다. 콤팩트화는 외곽 개발의 방지, 내부로의 개발 및 유입 유도, 접근성이 높은 지역을 개발하는 방향으로 정책 인센티브를 높여야 하고, 주민들의 합의도출에 노력해야 한다.

2

지방소멸의 해결방안,
메가시티

2020년을 기준으로 우리나라 수도권 인구는 사상 첫 50%를 돌파했다. 국토면적의 11.8%에 불과한 서울·경기·인천 등 수도권에 전체 인구의 50%인 2,589만 명이 거주하고 있다. 인구뿐 아니라 경제적 집중도 심각한 수준이다. 매출액을 기준으로 우리나라 100대 기업 본사의 90%와 1,000대 기업의 75%가 수도권에 위치하고 있고, 신용카드 사용액의 72.1%가 수도권에서 사용된 것으로 나타났다. 지방분권, 상생발전 등 지역균형발전을 위한 다양한 정책을 추진해왔음에도 불구하고 모든 부문에서의 수도권 집중은 가속화되고 있다.

◇ 미래 도시로서의 메가시티

우리나라에서 지역 간 양극화가 심화되고 있는 반면, 세계 각국은 단일 대도시 위주의 성장 전략에서 기능연계를 기반으로 한 다핵화된 광역적 메가시티로 성장 전략의 전환을 서두르고 있다. 독일의 뮌헨 대도시권, 스페인의 바르셀로나 대도시권, 일본의 간사이 광역연합 등이 그것이다. 유엔의 2018년 보고서 기준으로 1,000만 명 이상인 메가시티는 33개이며, 이 중 17개가 중국, 일본, 인도 등 인도태평양에 위치한 국가였다. 보고서는 2030년이 되면 1,000만 명 이상의 메가시티가 43개로 증가할 것이라고 전망했다. 또한 선진국에서는 인구의 수도권 집중을 방지하기 위해 메가시티 전략을 활용하고 있는데, 프랑스는 지방분권 확대차원에서 2000년대부터 엑스와 마르세유 근교 92개 기초 지자체로 구성된 메트로폴위원회를 운영하고 있다.

세계의 메가시티

수도권 일극체제 전환을 위해 변화해온 선진국

영국 수도권 인구비중 20.9%
City-Regions 정책(2006)
✔ 주요 지방도시를 중심으로 8개 도시권 형성
✔ 경제활성화, 인프라 확충 등 도시권 개발계획 공동 수립

프랑스 수도권 인구비중 18.2%
국토2040(2010)
✔ 22개 레지옹을 13개로 통합(2016)
✔ 주거 및 관광, 지리공간, 통행 등 7개 공간시스템별 지방 대도시화

독일 수도권 인구비중 7.4%
대도시권(2005)
✔ 슈투트가르트, 함부르크 등 11개 대도시권 운영

한국 수도권 인구비중 50.2%

1천 만명 이상의 도시 33개(2018) → 43개(2030)

중국 수도권 인구비중 7.8%
도시군 구상(2009)
✔ 대도시 중심 도시군 육성 추진
✔ 주강 삼각주(홍콩~선전~광저우), 장강 삼각주(상하이~난징~항저우), 징진지(베이징~톈진) 등 10대 도시권 구상

일본 수도권 인구비중 34.8%
국토 그랜드비전(2014)
✔ 컴팩트+네트워크 다양성과 연계에 의한 국토 만들기
✔ 도시별 특성을 살린 슈퍼 메가리전 형성 (도쿄권, 나고야권, 오사카권)

글로벌 경쟁력 강화를 위해 전 세계적으로 메가시티 증가

※ UN, The World Cities in 2018
※ 경남연구원, 2020년

출처 : UN, 경남연구원

일본 역시 도쿄로 몰리는 일극체제 극복을 위해 간사이 지역의 2부 6현 4정령시를 통합해 광역행정을 담당하는 간사이 광역연합을 운영

메타버스 시티

하고 있다.

유엔미래보고서 2055에서는 '미래 도시로서 메가시티의 역할'을 강조하고 있다. 국가발전의 신성장 동력으로시의 메가시티는 최근의 재도시화(Reurbanization) 추세를 반영하고 있다. 재도시화는 산업화시대에 인구증가와 교통·환경오염 등을 피해 교외로 떠났던 사람들이 도시로 다시 회귀하는 현상이다. 재도시화로 인한 인구 재배치는 교통·전력·상하수도 등 도시 내 인프라 프로젝트를 증가시키며, 이로 인한 도시경제의 활성화는 새로운 메가시티 조성을 유도한다. 이렇게 메가 프로젝트는 도시를 성장시키고 도시에 새로운 상상력을 부여해 도시민들이 보다 나은 삶을 영위할 수 있도록 돕는다.

⬡ 메가시티와 메가리전

메가시티는 일반적으로 핵심 도시를 중심으로 일일생활이 가능하도록 연결된 대도시권을 말한다. 글로벌 비즈니스 창출이 가능한 경제규모를 갖춘 인구 1,000만 명 이상 거대 도시이다. 메가시티는 단일 대도시를 의미하는 것이 아니다. 행정적으로는 구분되어 있으나, 핵심 도시를 중심으로 통근·통학 등 일상생활과 경제활동이 기능적으로 연계되어 있는 대도시권을 의미한다. '광역경제권' 또는 '광역도시권'이라고 부르기도 한다. 메가시티는 핵심 도시와 주변 도시와의 연계를 통해 도시 전체의 혁신역량을 강화하는 것이 핵심인 데 반해 메트로폴리탄은 단순히 중심 도시와 위성 도시를 구분해 지칭한 것이라는 차이가 있다.

메가시티의 확장된 개념으로 메가리전(Mega Region)이라는 개념도 많이 사용되고 있다. 메가리전은 메가시티보다 확장된 개념이다. 메가시티가 단일 대도시권을 의미한다면, 메가리전은 여러 개의 대도시권이 확장하고 융합함으로써 거대 도시권역으로 성장한 것을 의미한다. 예를 들면 서울을 중심으로 한 수도권과 대전을 중심으로 한 충청권이 융합해 수청권 메가리전이 탄생할 수 있다.

창조 도시론의 원조인 리처드 플로리다(R. Florida)는 향후 세계경제가 메가리전 중심으로 재편될 것이라고 주장했다. 그는 야간 위성사진을 활용해 메가리전을 분석한 결과, 전 세계에서 40개의 메가리전을 도출했다. 그가 분석한 40개의 메가리전은 미국, 유럽, 아시아 등에 분포되어 있는데, 이 중에서 13위는 우리나라 서울-부산을 하나로 연결한 것이다. 우리나라는 메가리전보다는 메가시티에 대한 필요성이 있어, 여기서는 메가리전보다 메가시티 위주로 작성했다.

◇ 우리나라의 메가시티 전략

지방자치제도가 정착되면서 지역개발사업의 선정 및 예산분배는 대부분 지방자치단체 간의 경쟁을 통해 진행되어왔다. 지나친 예산경쟁은 지방자치단체 간의 연계개발을 방해하고 지역 간 양극화의 원인이 되었다는 지적이 있다. 이런 측면에서 보면 메가시티는 규모의 경제 측면에서 매우 유리한 전략이다. 광역권 내 여러 지역의 예산을 한데 모아 미래 전략 사업을 더 큰 규모로 육성할 수 있다. 공공기관이나 공항 등을 유치하기 위한 지방자치단체 간의 불필요한 경쟁이나 중복된 사업을 벌이지 않아도 되기 때문에 투자 효율이 높아질 수 있다.

메가시티의 성공적인 정착을 위해서는 산업생태계 구축, 기업과 대학, 연구기관 등이 연계된 혁신네트워크 구축, 광역행정 서비스의 구축 등 메가시티 내 도시 간의 기능적 통합이 이루어져야 한다. 교통인프라 확충을 통한 생활권 연계 등 공간적 통합도 필요하다. 지역별 메가시티가 성공적으로 정착된다면 수도권에 버금가는 초광역 생활권과 경제권이 형성되어 수도권 쏠림 현상을 극복하는 최적의 대안이 될 것이다.

메가시티는 교통망 구축, 혁신산업 유치, 문화관광 벨트, 행정 거버넌스 구축을 통해 행정구역을 넘어 생활공동체, 문화공동체, 경제공동체, 행정공동체를 지향한다. 　　　　　　출처 : 경남도청

현재 우리나라에서 메가시티를 바라보는 관점은 크게 두 가지이다. 그 하나는 지방쇠퇴를 극복하기 위한 방안으로의 '지방 메가시티 성장 전략'이며, 다른 하나는 글로벌 대도시권과의 경쟁을 위한 '서울권 메가시티의 경쟁력 향상'이다.

◇ 지방 메가시티의 성장 전략

우리나라에서의 메가시티 전략은 지역불균형을 해소하고 수도권과 경쟁할 수 있는 지방 메가시티를 육성하는 것이 핵심 포인트이다. 우리나라에서는 약 300만 명에서 1,000만 명 인구 수준을 하나의 메가시티 단위로 보고 있는데, 대부분 현재의 광역시·도를 기준으로 구성된다. 해당 권역의 한 개 혹은 수 개의 중심 도시를 지정하고 그 중심 도시를 기준으로 하나의 생활권과 경제권을 가진 메가시티가 조성된다.

거점 도시와 주변 지역 하나의 권역을 형성하고, 글로벌 수준의 네트워크를 형성해야 한다. 또, 권역 내에서는 거점 도시와 인접 지역 간 기능적 연계를 통해 하나의 생활권을 형성해야 한다. 메가시티별 거점 도시가 메가시티 내 중추거점으로 기능할 수 있는 광역시설의 설치가 필요하다. 거점 도시에는 고밀개발된 도심과 녹지, 첨단 연구시설과 대학, 의료나 복지시설, 문화·국제교류, 광역행정시설 등의 주요시설을 배치한다.

거점 도시의 입지는 집적의 이익이 극대화할 수 있는 교통의 결절점이 좋다. 메가시티 내 각 지역에서 거점 도시까지 한 시간 내에 도달해 도심의 각종 인프라를 이용하고 복귀할 수 있는 대중교통망이 설치되어야 한다. 또, 거점 도시에서 수도권으로 연결되는 광역교통망도 정비되어야 한다. 거점 도시에서 수도권과 주변 도시로 편하게 이동하기 위해서는 도심에 대형 역세권 복합 환승시설이 필요하다.

메가시티가 독자적으로 생존하기 위한 산업생태계를 구축하는 것도 중요하다. 메타버스 시대에 맞는 앵커기업들의 유치가 필요하다. 이것은 젊은 인재가 수도권으로 유출되지 않기 위한 최고의 대책이다. 아울러 젊은 인재가 선호하는 혁신 공간을 조성하고 접근성을 강화해야 한다. 도심에 저렴한 주거지와 레저 공간, 그리고 지역산업 혁신 클러스터를 형성하고, 이를 지역대학이나 연구기관과 연결해 혁신적인 창업 생태계를 조성해 지역산업의 성장동력으로 육성해야 한다.

광역적 협력체계 구축을 위한 거버넌스 구축도 필요하다. 메가시티 내 여러 개의 지방자치단체가 존재하므로 광역권 내 공간적 범위와 행정구역의 불일치를 극복하기 위한 거버넌스의 구성은 매우 중요하다. 그동안 지방 도시의 경쟁력 강화를 위한 다양한 노력이 있었으나, 메가시티 내 주요 도시 간 과도한 경쟁으로 메가시티가 성공하지 못했다. 지방 메가시티별로 수도권과 경쟁할 핵심산업과 고유의 정체성을 갖추고, 이를 바탕으로 주요 도시 간의 전략적인 연계를 진행하면, 지방 메가시티는 우리나라 균형발전에 기여할 수 있을 것이다.

🔲 메가시티 전략은 최고의 선택일까?

대통령선거와 지방선거 등의 일정으로 올해는 메가시티에 대한 논쟁이 더욱 뜨겁다. 대경권, 동남권, 호남권, 충청권 등 대부분의 지역에서 메가시티에 대한 검토가 진행되고 있다. 가장 진전이 빠른 곳은 부산, 울산, 경남이 함께 추진하고 있는 동남권 메가시티이다. 동남권은 2021년 7월에 부·울·경 특별지방자치단체 합동추진단을 발족하고 속도를 높이고 있다. 동남권 메가시티는 인구 1,000만 명, 경제규모 약 491조 원 규모의 메가시티를 구상한다. 부산, 울산, 창원을 거점 대도시로 지정해 이들 도시를 중심으로 네트워크 형성, 광역교통망 확충을 계획하고 있으며, 인재와 일자리에 대한 계획도 진행하고 있다.

그러나 최근 디지털 대전환과 코로나 팬데믹으로 인해 메가시티에 대한 우려의 목소리도 나온다. 재택근무, 리모트 워크 등 스마트 워크의 확산과 코로나 팬데믹으로 인해 고밀의 도시 집중이 최선은 아니라는 우려도 있다.

더구나 선택과 집중에 기반을 둔 메가시티가 오히려 주변 지역과 거점 도시 간 지역 내 불균형을 초래할 가능성에 대해 걱정하는 목소리도 만만치 않기 때문이다. 수도권과 지방의 양극화가 메가시티 내 양극화로 이어져 농촌으로부터의 인구 유출을 더 가속화한다면 메가시티 추진은 오히려 균형발전에 독이 될 수 있다.

글로벌 대도시권 경쟁에서 서울 대도시권이 밀리고 있는 것도 걱정스러운 일이다. 서울의 경우는 1951년에 65만 명의 인구가 1992년 1,097만 명으로 정점을 찍은 뒤 인구증가 추세가 꺾여 현재 955만 명 수준으로 안정화되면서 노령화도 진행 중이다. 급격한 성장으로 인해 수반되는 부동산의 폭등, 중산층 감소, 경제적 불평등 심화 등의 문제에 당면해 있다. 수도권 집중으로 인한 각종 규제로 인해 공간 구조를 고려한 체계적인 개발이 이루어지지 못했고, 발전기에 조성된 시가지가 전체적으로 노후화되어 도시의 개발에 있어 한계에 이르러 있다.

지방 도시를 살리기 위해 서울 대도시권을 억압하는 것은 공멸의 길이다. 서울 대도시권의 발전으로 인한 이익을 지방에 공유할 수 있는 정책적인 방안이 모색되어야 한다. 이를 위한 법령과 세제, 기반시설을 정비해 각각의 도시의 특성에 따른 발전방안을 마련해야 한다. 서울 대도시권은 창조산업, 스타트업의 활성화 등 나름의 발전방향을 마련하고, 지방 도시들은 도시 특성에 맞는 산업의 유치와 도시를 연결하는 지방 메가시티로 발전시켜, 이들 메가도시권을 연결하는 방식으로 전 국토의 발전방향을 모색하는 것이 중요할 것이다.

3

회복탄력성의 도시,
리질리언트 시티

　얼마 전 EBS에서 '세계에서 가장 유쾌한 쓰레기 처리장, 코펜힐'이
라는 제목의 뉴스가 방영된 적이 있다. 덴마크의 수도 코펜하겐 도심부
와 가까운 산업시설 지역에 위치한 '아마게르 바케 폐기물 발전소'에
관한 내용이었다. 이 발전소가 '코펜힐'로 불리게 된 이유는 대부분 평
지여서 언덕을 보기 힘든 코펜하겐에 높이 85미터의 구조물이 언덕처
럼 우뚝 솟아 있기 때문이다. 그 구조물에는 세계에서 가장 높은 인공
암벽과 사계절 즐길 수 있는 스키장이 설치되어 있다. 거대한 건물의
옥상을 인공산으로 설계해 스키장과 등산로로 만든 것이다. 그런데 그
내부는 연간 44만 톤의 쓰레기를 처리하고, 그 에너지로 약 18만 가구
의 전력과 난방을 제공하는 열병합 발전소로 만들어졌다. 2025년까지
세계 최초의 탄소중립 도시가 되겠다고 선언한 코펜하겐시는 쓰레기
처리장이 대표적인 혐오시설이라는 인식을 바꾸어놓았다.

2021년 올해의 세계 건축물에 선정된 코펜힐(CopenHill)

혐오시설인 쓰레기 소각장 위에 스키장을 건설했는데, 산이 없는 덴마크에서는 최고의 시설이 되었다.

출처 : Ehrhorn Hummerston

태풍과 홍수의 피해가 잦았던 코펜하겐은 2010년 이후 자연재해의 빈도와 강도가 증가하고 있었다. 덴마크 정부는 대규모 홍수의 원인을 지구온난화에 따른 해수면 상승으로 판단하고 대책을 세우기 시작했다고 한다. 코펜하겐에서 추진했던 도시계획은 '클라우드버스트 콘크리트화 마스터플랜(Cloudburst Concretization Masterplan)'이다. 도시의 회복성을 위해 공원이나 광장, 도로, 운하, 녹색길 등을 조성해 물이 이 길을 통해 하천과 바다로 배출될 수 있도록 연결하는 작업이었다.

홍수 발생 시 공원 등 완충지대를 이용해 일시적으로 물을 가두어 주민의 피해를 막으면서 녹지화된 도로를 통해 배수가 이루어지도록 했다. 도로변이나 중앙에 레인가든이라는 정원을 만들어 지표면에 침투되는 물의 양을 증가시켜 하수도를 통해 많은 양의 빗물이 빠져나갈 수 있도록 설계했다. 이렇게 코펜하겐은 대표적인 리질리언트 시티로 변모하고 있다.

⬡ 회복탄력성의 도시, 리질리언트 시티

리질리언트 시티(Resilient City)는 회복탄력성이 강한 도시를 말한다. 도시화와 기후변화로 도시에서 발생하는 다양한 문제에 스스로 대처함으로써, 변화하는 환경에서 외부의 충격을 견디고 흡수해 빠르고 안정적으로 적응하는 능력을 가진 도시, 이전보다 더 나은 수준으로 회복하는 능력을 가진 도시를 말한다. 현재의 도시에 필요한 능력은, 도시가 직면한 문제를 전환하는 과정을 통해 도시의 지속가능성을 실현하는 것이며, 이것이 리질리언트 시티의 목적이다.

우리는 도시화와 기후변화로 인해 발생하는 여러 현상을 세계 곳곳에서 경험하고 있다. 대기 및 수질오염, 생태계의 파편화와 분절화, 도시 홍수와 열섬 현상, 신종질병의 증가, 생태계 교란과 생물다양성 감소 등 참으로 다양하다. 도시화와 화석연료 사용으로 인해 대부분의 도시들은 생태 시스템의 자정능력이 한계에 도달하고 있다. 도시 주변 자연의 복원이 이루어지지 않으면 도시와 도시민의 생존이 위협받을 수밖에 없는 단계에 이른 것이다. 도시민의 안전과 생활에 큰 위협을 주는 다양한 문제들은 많은 인구와 인프라가 집중된 대도시 지역에서 더욱 크고 심각하게 발생할 수 있다. 각국의 대도시들은 도시의 인구증가, 세계 경제 위기, 급격한 기후변화, 자연·환경적인 재해에 스스로가 견딜 수 있는 능력을 구축해야 하는 숙제를 안고 있다.

도시는 재생능력을 상실하지 않기 위해 모든 부문에서 성장 잠재력을 가져야 한다. 혁신과 전환을 통해 도시의 기능을 위협하는 각종 문제를 극복하기 위한 새로운 동력을 찾으려는 노력을 계속해야 한다. 도시를 자연생태계의 일부로 인식하고 도시의 자연성을 확보하는 회복력 있는 도시를 만들어야 한다. 그러면 도시의 자연성과 재생능력을 회복해 진정한 리질리언트 시티로 만들 수 있는 방안은 무엇이 있을까?

◇ 생태기능을 통한 도시 회복력 향상

도시의 생태기능을 회복해 생물다양성을 증진함으로써 도시 생태 네트워크를 강화해야 한다. 도시의 비포장면적을 증가시켜 도시의 생태기능을 올리는 것이 필요하다. 도시 내 공간에 인간과 동식물이 공존하는 비오톱(Biotop)을 활성화해야 한다. 비오톱은 그리스어로 생명을 의미하는 '비오스(Bios)'와 땅을 의미하는 '토포스(Topos)'가 결합된 용어로서 인간과 다양한 생물종의 공동 서식장소를 의미한다. 야생생물이 서식하고 이동하는 데 도움이 되는 숲, 가로수, 습지, 하천, 화단 등 도심에 존재하는 작은 생물 서식 공간으로서 도심 곳곳에 만들어지는 비오톱은 단절된 생태계를 연결하는 징검다리 역할을 한다.

미생물 등 각종 생물 공동체의 서식처가 되도록 돌무더기나 나무더미로 만든다.

개구리와 나비, 새들이 찾아오도록 연못을 만들고 수생식물을 심는다.

　　도시 생태 네트워크를 위해 도시 공원 등 공원녹지를 도심에 많이 만
드는 것이 필요하다. 공원과 녹지는 접근성과 연계성이 중요하다. 이를

위해서는 하천이나 폐선로 등을 활용한 선형공원이 합리적이다. 녹지의 연계성 확보를 위해서는 조성된 선형공원을 기존 공원, 자연림과 연결해 도시 내 생태공원 네트워크를 조성하는 것이 좋다.

도시의 바람길을 만드는 것도 도시의 회복력을 향상시키는 방안이다. 바람길을 열면 도시 열섬을 해소하고 미세먼지가 저감되는 데 도움을 준다. 도시의 고층 건물은 바람의 통행을 막아 도시의 열섬 현상을 일으키고 스모그 등의 원인이 된다. 도시 외곽 산림의 맑은 공기가 도시로 들어오는 길을 만들어주어야 한다. 외곽에서 도심까지 이어주는 띠 모양의 녹지를 연결시키고, 도시의 고층 건물이 바람의 흐름을 방해하지 않도록 건물을 배치하는 계획을 세워야 한다. 외곽에서 바람길을 타고 들어온 맑은 공기는 도시의 열기와 오염물질을 내보내어 도심부의 열섬화 현상과 스모그를 완화시키는 역할을 해 쾌적한 도시를 만들 것이다.

탄소 배출을 줄여 기후변화에 대응하고 도시의 회복력을 증진해야한다. 기후변화에 대응하는 도시를 만들기 위해서는 탄소 배출을 줄이는 것이 필요하다. 직주근접을 통해 생활권 위주의 도시계획을 함으로써 통행거리를 줄이고, 개인차량 이동을 줄이는 노력이 필요하다. 자전거 활용 및 대중교통을 연계한 활성화 방안도 마련해야 한다. 교통정체를 해소하고 미세먼지를 감소시키는 자전거에 대한 중요성을 인식하고 공공 자전거 도입, 자전거 도로와 주차장 구축을 통해 탄소 배출을 줄여야 한다. 그 밖에 대도시 내 옥상, 지하실 등을 활용한 농업의 확대,

에너지 절감을 위한 건축계획, 대체에너지 활용, 건축물의 단열성능 향상, 폐기물 관리 등 도시의 회복력을 위한 다양한 노력이 필요하다.

◇ 우리나라의 리질리언트 시티

우리나라에서도 리질리언트 시티에 대한 연구와 참여가 활발하다. 서울시는 지난 2013년 UNDRR(유엔재해경감사무국)의 '회복력 있는 도시 만들기' 캠페인에 참여했고, 2016년에는 록펠러 재단의 '세계 100대 재난회복력 도시(100RC)'로 선정되기도 했다. 또, 2019년에는 '서울 국제 도시회복력 포럼'을 개최해 세계 주요 도시 재난 극복 경험 및 실천 사례를 공유하고 협력방안을 논의하기도 했다.

최근 전주시는 '전주 디지털 트윈 실증사업'을 통해 공간 정보를 활용해 도시문제를 사물인터넷으로 연계해 만든 '디지털 가상통합정보체계'를 통해 맞춤형 도시문제를 해결하는 데 활용하고자 한다고 발표했다. '전주 디지털 트윈 실증사업'의 사례로는 '실시간 하천 모니터링', '어린이 보호구역 예측' 및 '천만 그루 나무 심기' 등이 있다.

메타버스 시티

리질리언트 시티

ICT 기술을 도입해 도시의 재난, 재해를 줄이는 홍수 리질리언트 시티로 설계되었다.

출처 : 부산 에코델타시티

리질리언트 시티가 지향하는 도시회복력의 문제도 '디지털 트윈' 기술을 활용해 이루어질 수 있다. '디지털 트윈'은 D.N.A(Data · Network · AI) 등 신기술을 바탕으로 기후변화와 환경, 교통, 바람과 홍수, 생물다양성 등 다양한 도시문제의 시뮬레이션을 통해 실증모델을 구체화하고 이를 도시계획과 행정에 적용해 도시의 회복력에 반영하는 기술이다. 디지털 트윈과 메타버스는 우리가 꿈꾸는 미래 도시로 우리를 인도할 핵심 기술이 될 것이다.

4

대도시의 블루오션,
지하 도시

급속한 도시화로 인해 발생한 도시 인프라 부족, 교통 혼잡, 에너지와 환경훼손 등 다양한 도시문제는 지속가능한 도시 발전의 저해요인으로 지목되었다. 과밀화로 인한 지상 공간의 포화현상은 새로운 공간의 필요성을 불러왔다. 인류는 그 대안으로 지하 공간, 해양 공간, 우주 공간에 대한 개발을 진행했고, 최근에는 그 관심이 디지털 가상 공간으로까지 확대되고 있다.

다양한 대안 공간 중 현실화 가능성이 가장 높은 공간은 지하 공간이다. 지하 공간을 개발해 지상의 각종 시설을 배치하게 되면 교통체증 해소는 물론, 지상에는 공원과 녹지를 설치해 시민들에게 쾌적한 삶을 돌려줄 수 있기 때문이다. 이런 문제 때문에 지하 도시의 개발에 대한 지속적인 검토가 진행되고 있다.

⬡ 지하 도시의 성공 사례, 언더그라운드 시티

대표적인 지하 도시는 캐나다 몬트리올에 있는 언더그라운드 시티 (Underground City)이다. 언더그라운드 시티는 1962년에 지하쇼핑센터로 개발되었는데, 1984년부터 1992년까지 8년에 걸쳐 현재 지하 도시의 형태로 확장했고, 2008년에 최종 완공되었다. 면적은 여의도의 4배인 총 12km²이며, 길이는 32km가 넘는 터널로 연결되어 있다.

언더그라운드 시티

캐나다의 언더그라운드 시티는 2개의 지하철역, 버스터미널, 120개 이상의 통로가 있고 하루 50만 명이상이 지낼 수 있다
출처 : 캐나다관광청

캐나다가 언더그라운드 시티를 만든 이유는 평균기온이 영하 10도에 이르는 추운 날씨에 겨울이 매우 긴 몬트리올의 지역적 특성 때문이다. 지상에 나가지 않고도 모든 것을 해결할 수 있도록 모든 시설을 갖

춘 지하 도시를 건설한 것이다. 언더그라운드 시티에는 2개의 지하철 역과 버스터미널이 설치되어 있다. 이뿐 아니라 은행, 사무실, 쇼핑몰, 아파트와 호텔, 박물관, 공연장, 대학교 등 거의 모든 것이 갖춰져 있다. 120개 이상의 접근통로가 설치되어 있어 하루 평균 50만 명의 사람들이 지낼 수 있도록 조성되었다. 지상의 건물들과 동일한 수준으로 공기 질과 조명을 제어하고 있어 '실내 도시(Indoor City)'라고도 불리울 정도로 지하 공간 개발의 성공적인 모델로 평가받고 있다.

⬡ 지하 공간의 정의와 장점

지하 공간은 '지표면 아래 수직 또는 수평 방향으로 만들어진 공간' 또는 '각종 도시문제를 경감하기 위해 지하 환경의 특성을 활용해 지표면 하부에 조성된 공간'이라고 정의한다. 오늘날 고밀도로 개발이 완료된 도심지 지상 공간의 개발은 많은 어려움이 따른다. 과도한 용지비용과 개발기간 중의 극심한 혼잡, 건설 중 민원 발생 등이 그것이다. 문화재 등 보존의 가치가 있는 공간에 대한 문제도 따른다. 이런 문제로 인해 지하 개발이 장려되고 있다.

지하 공간을 개발해 교통 관련 시설을 배치하면 도심의 심각한 교통 문제를 해결할 수 있다. 또, 고밀화하고 유동인구가 많은 도심에 지하 시설을 설치하면 인원과 교통의 지하 분산으로 지상 공간을 쾌적한 공간으로 조성할 수 있다. 지하 공간은 계절과 상관없이 온도와 습도를

　　　　　　　　　　　　　　　　　　　　메타버스 시티

유지할 수 있다는 장점이 있다. 다양한 지장물로 인해 단절된 공간이 많은 지상과 달리 지하 공간은 단절 없이 개발할 수 있으며, 방음성과 격리성이 우수하다. 지상과 달리 용지부족이나 개발로 인한 민원이 발생하지 않고 지상시설의 간섭이나 이용상 제약이 없다. 지하 공간에는 특수구조물의 설치가 가능하며, 희망하는 목적별로 다양한 공간으로 활용할 수도 있다.

⬡ 우리나라의 지하 공간 개발

우리나라에서 지하 공간이 개발된 것은 1967년 을지로1가 새서울지하상가가 최초라고 한다. 1966년에는 우리나라 최초의 지하보도인 광화문 지하보도가 개통되었는데, 불도저 시장으로 유명했던 김현욱 서울 시장의 지시로 6개월 만에 완공된 것으로 유명하다. 2000년 지하화재로 알려진 여의도 공동구는 여의도 개발과 맞물려 1969년에 완공되었다. 1974년 지하철 1호선을 개발했고, 1991년에 종묘광장 지하주차장을 건설하기도 했다. 현재 서울지하철을 기준으로 볼 때 17개 노선 331역사를 보유하고 있고 연간 17억 9,000만 명의 인원을 수송하고 있다. 그만큼 지하 공간의 개발이 진행되었다는 것을 뜻한다. KTX, SRT, GTX 등 광역고속철도 시설이 모두 지하 공간에 지어지고 환승역과 그 부대시설도 지하에 개발되고 있다.

이렇게 최근 도심지 지하 공간의 개발 동향은 교통인프라와 연계한 입체 복합 공간의 형태이다. 지하 공간이 고속철도 등 광역교통의 관문 역할뿐 아니라 수도권 전역을 연결하는 광역복합 환승으로 대중교통체계의 중심지 역할도 한다. 많은 유동인구는 대규모 상업시설이나 전시관 등 복합시설의 설치를 가능하게 한다. 지하 공간의 개발은 지상 공간을 시민들의 보행과 휴식이 가능한 상징적인 공간으로 만들어준다.

영동대로 지하 개발

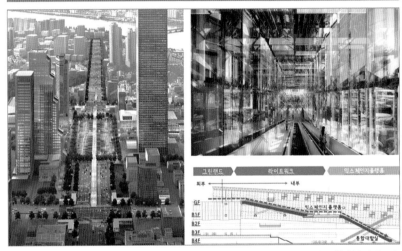

영동대로 지하 공간에 대규모 지하 도시가 조성된다. 2027년 완공되면 광역교통의 복합 환승센터로서, 시민의 휴식 공간으로서, 금융의 허브로서 역할을 할 것이다.　　　　　　출처 : 서울시

영동대로 지하 공간 복합개발은 우리나라의 대표적인 지하 도시 개발 사례가 될 것이다. 이곳은 서울의 3도심 중 하나인 강남도심을 국제 업무 지역으로 발전시키고자 개발되고 있다. 영동대로 지하 공간은 길이 579m, 폭 63m, 깊이 53m의 지하 공간으로 면적이 16만㎡, 잠실야구장 30배 면적이다. 광역 복합 환승센터는 지하 4~7층은 5개의 철도 노선 및 환승 공간이 세워지고, 지하 2, 3층은 상업 공간으로 조성된다.

기존 도로는 지하 1층으로 지하화되고 그 위 지상에 보행 및 휴식이 가능한 길이 240m, 폭 70m, 면적 1.7만m²인 시청광장의 2.5배 크기 대형광장이 조성된다.

지하 공간은 도시의 미래 공간

지하 공간은 이미 지상 개발이 완료된 도시에 남아 있는 유일한 미래 공간이다. 향후 대도시를 중심으로 지속가능한 발전과 쾌적한 지상 환경의 조성을 위해 더욱 깊고 큰 규모로 개발될 것이다. 지하 공간 개발을 위해서는 개발 공법에 대한 많은 연구가 필요하다. 일반적으로 활용되는 지하 개발 공법인 개착 공법은 공사 중 혼잡과 환경훼손으로 시민에게 많은 불편을 준다. 지하 공간의 쾌적한 환경과 안전을 위해서도 다양한 분야에서 많은 연구가 필요하다. 아울러, 지하 개발로 인한 재산상 피해가 발생하지 않도록 지하 공간 소유권에 대한 법적, 제도적 보완도 필요하다.

지하 공간의 개발은 상부의 토지나 건축물 등 소유주와의 재산권에 대한 이해관계가 있다. 한계심도와 대심도에 대한 이해가 필요하다. 한계심도는 지하시설물 설치로 인해 일반적인 토지 이용에 지장이 없는 것으로 판단되는 깊이를 말한다. 우리나라는 지하 40m 이상을 한계심도로 정하고 있다. 대심도는 한계심도 이하의 깊이를 말한다. 토지소유자가 통상적으로 이용하지 않는 지하 공간으로서, 용지보상이나 재산권 설정을 하지 않아도 되는 깊이이다. 지하 도시의 개발이 보다 광역적이고 대심도로 이루어지기 때문에 관심을 가져야 할 사항이다.

정부에서는 지하안전관리에 관한 특별법을 시행하고 있다. 이 법에서는 지하 개발을 할 경우 각 단계에서 수행해야 할 평가와 조사방법을 제시하는 등 지하안전관리 방안이 기재되어 있다. 지하 개발은 공간 정보의 확보와 축적으로 더욱 발전하고 있다. 초기에는 노후 상하수관 파손, 관로 등 지하 매설물의 부실시공 등을 확인하는 데 그쳤던 지하 공간 개발이 이제는 공간 정보를 통한 스마트 지하 개발 및 관리 기술로 발전하고 있다.

▽ 지하 공간 개발과 메타버스 기술

공간 정보와 디지털 트윈 등 메타버스 기술은 지하 공간에서도 역할을 한다. 도시의 미관과 재해예방을 위해 전력설비의 지중화가 진행되어 왔다. 서울시를 기준으로 지난 15년간 약 2,000억 원 이상이 투입되었다. 지상은 깨끗해졌지만 지하는 더욱 복잡해졌다. 전력설비뿐만 아니라 가스관, 상하수도관이 지하에 매설되어 있다. 이들 각종 설비의 점검 및 보수를 위해 증강현실(AR) 기술이 활용되고 있다. 육안으로 확인하기 어려웠던 맨홀이나 관로, 케이블 등 지중 설비를 3D 증강현실로 구현, 직관적으로 점검·관리할 수 있는 시스템이 도입되고 있다.

메타버스 시티

공간 정보와 디지털 트윈 등 메타버스 기술이 지하 도시 건설에도 큰 역할을 한다. 3차원의 가상 공간에 지하 도시를 계획, 설계한 후 다양한 시뮬레이션을 한 후 최적의 설계안을 도출할 수 있다. 인공지능에 기반한 지하 도시 설계, 지상과 연계해 최적화된 교통체계 수립, 3D 소음 분석, 사물인터넷 기술을 활용할 수 있다. 이러한 메타버스 기술은 다양한 시뮬레이션을 통해 최적의 안을 도출할뿐더러 기술자가 직접 현장을 방문하지 않아도 정밀한 설계와 시공이 가능하게 하고 안정적인 유지보수도 가능하게 한다.

5

새로운 공간 활용법, 복합용도개발

얼마 전 서울시에서 디지털 대전환기의 서울의 비전을 담은 '2040 서울도시기본계획'을 발표했다. 도시기본계획은 서울시의 최상위 공간 계획으로 향후 20년 도시 공간의 미래를 담고 있으며, 서울시가 앞으로 추진할 계획의 지침이 된다. 도시가 인간의 삶과 상상력, 첨단 기술의 집약체인 만큼 이번 도시계획도 사회적인 여건변화를 담았다고 볼 수 있다. 서울시는 시민 삶의 질을 높이고 서울의 도시경쟁력을 강화하기 위한 6대 공간계획을 제시했다.

6대 공간계획의 첫째는 도보 30분 이내 '보행 일상권' 주거용도 위주의 일상 공간에 대한 전면 개편이다. 둘째는 수변 중심 공간 재편으로 61개 하천의 잠재력을 활용한 도시 공간 재편이다. 셋째는 중심지 기능 강화, 즉 정체된 서울의 3도심(서울도심, 여의도, 강남)을 중심으로 각 기능의 고도화를 통해 도시경쟁력을 강화시키는 것이다. 넷째는 다양

메타버스 시티

한 도시 모습을 위한 도시계획 대전환으로 용도지역제도와 스카이라인 관리를 위한 35층 높이규제 삭제이다. 다섯째는 지상철도를 지하화해 도심의 가용지 부족문제를 해결하는 안이다. 여섯째는 미래교통 인프라의 확충을 통해 서울을 모빌리티의 허브로 만드는 것이다. 시울시의 선진적인 공간 개편은 도시의 여건 변화에 따라가지 못하고 있다는 지적을 받아온 도시계획 분야에 새로운 방향성을 던져주고 있다. 특히 유연하지 못한 용도지역제의 개선은 절실하다 하겠다.

⬡ 용도지역제

용도지역제(Zoning)는 도시 공간의 기능이 중복되지 않도록, 토지의 용도를 주택·상업시설·공장·학교 등으로 구분하고, 이용목적에 부합하지 않는 토지 이용이나 건축 등의 행위를 규제·관리하는 제도이다. 용도지역은 크게 도시 지역, 관리 지역, 농림 지역, 자연환경보존 지역으로 구분된다. 도시 지역은 주거 지역과 상업 지역, 공업 지역, 녹지 지역으로 구분된다. 관리 지역은 보전관리 지역과 생산관리 지역, 계획관리 지역으로 구분된다.

용도지역제가 우리나라에 도입된 것은 1934년이다. 도시계획과 관련된 최초 법령인 '조선시가지 계획령'의 제정으로 '주거, 상업, 공업' 등 3개의 용도지역과 '풍치, 방화, 미관, 풍기지구' 등 4개의 용도지구를 도입했다. 현재 '국토의 계획 및 이용에 관한 법률'에는 21개 용도

지역, 26개 용도지구, 4개 용도구역이 명시되어 있다. 용도지역을 계획할 때에는 합리적인 공간 구조의 형성, 교통계획, 기반시설 배치계획, 주거환경보호, 경관 등과의 상호 관련성을 고려해 도시의 규모 또는 시가지의 특성에 따라 적절히 지정해야 한다. 용도지역 안에서 토지를 이용하거나 건축물을 건축하려는 때에는 법률에서 정하는 용도지역별 건폐율 및 용적률, 건축물의 용도·종류·규모 등을 따라야 한다.

용도지역 분류			
용도지역			**지정 목적**
도시 지역	주거 지역	전용주거 지역	1종 : 단독주택중심, 2종 : 공동주택중심
		일반주거 지역	1종 : 저층, 2종 : 중층, 3종 : 중고층
		준주거 지역	주거기능 위주 + 상업·업무 포함
	상업 지역	중심상업 지역	도심·부도심 상업 및 업무기능 확충
		일반상업 지역	일반적인 상업 및 업무기능
		근린상업 지역	근린 지역의 일용품, 서비스기능
		유통상업 지역	도시 내 지역 간 유통기능 증진필요 지역
	공업 지역	전용공업 지역	중화학공업, 공해성공업 수용 지역
		일반공업 지역	환경을 저해하지 않는 공업 수용 지역
		준공업 지역	경공업 위주 + 주거·상업·업무기능
	녹지 지역	보전녹지 지역	자연환경, 경관, 산림, 녹지 보전 필요
		생산녹지 지역	주로 농업적 생산을 위해 개발유보
		자연녹지 지역	도시 녹지 확보·확산방지, 제한적 개발허용
관리 지역	보전관리 지역		자연, 산림, 수질보호 및 녹지공간 확보
	생산관리 지역		농업, 임업, 어업 생산을 위해 필요 지역
	계획관리 지역		도시 지역 편입예상 지역, 제한적·체계적 개발
농림 지역			농업, 산림 보전을 위해 필요한 지역
자연환경보전 지역			자연환경, 수자원, 생태계, 문화재 보전 지역

⬡ 변화를 요구받는 우리나라 용도지역제

앞에서도 지속적으로 제시되어왔지만, 코로나 팬데믹으로 사람들의 라이프스타일이 주거지 위주로 개편되면서 생활권에 대한 개념이 더욱 중요시되고 있다. 30분 이내 보행권 안에서 일자리와 여가문화 등 대부분의 생활이 가능해지는 쪽으로 거주 여건이 변화하고 있다. 그런데 현재의 용도지역제(Zoning)는 이 같은 여건변화를 담을 수 없다. 제도의 경직된 운영으로 인한 문제점도 나타나고 있다.

수십 년째 대규모 상업 지역을 유지하고 있는 서울 구도심의 경우, 밤이 되면 인적이 끊기는 공동화 현상이 발생한다. 반면 대로변은 상업 지역이며 그 안쪽은 주거 지역으로 조화를 이루도록 계획되었던 강남 지역은 24시간 내내 활기가 넘친다. 상업 지역 내 주상복합건물을 보면서 용도지역제가 이미 무력화되었다고 주장하는 사람도 있다. 이것은 미래 도시가 점차 주거와 상업, 업무 공간 등이 복합화하는 형태로 변화하는 것을 보여준다.

시대의 변화를 담지 않는 용도지역제가 도시의 지속가능성을 가로막고 있다. 미래 도시는 점차 주거와 상업, 업무 공간 등 다양한 용도가 복합화하는 형태로 변화하고 있다. 용도지역제의 대원칙을 지키는 범위 내에서 현재의 여건에 맞춰 용도지역제를 재정비해야 할 시기이다. 이런 의미에서 '2040 서울도시기본계획'은 매우 시의 적절하다. 이번 도시계획의 핵심은 용도지역제 개편과 35층 높이규제의 폐지이다.

용도지역제

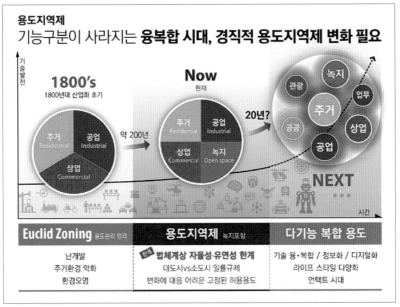

경직된 용도 적용에서 용도 도입의 자율성을 높여 주거·업무·녹지 등 복합적인 기능을 배치해 빠르게 변화하는 미래 도시를 담아내는 다기능 복합용도가 필요하다.   출처 : 서울시

⬡ 변화를 담지 못하는 복합용도지구

다양한 토지 이용 수요에 대응해 유연하고 복합적인 토지 이용을 유도하기 위해 지난 2017년에 신설한 용도지구가 바로 복합용도지구이다. 복합용도지구는 지방자치단체장이 지정할 수 있도록 했는데, 그 조건은 다음과 같다.

1. 용도지역의 변경 시 기반시설이 부족해지는 등의 문제가 우려되어 해당 용도지역의 건축제한만을 완화하는 것이 적합한 경우
2. 간선도로의 교차지나 대중교통의 결절지 등 토지 이용 및 교통 여건의 변화가 큰 지역 또는 용도지역 간의 경계 지역, 가로변 등 토지를 효율적으로 활용할 필요가 있는 지역
3. 용도지역의 지정목적이 크게 저해되지 않도록 해당 용도지역 전체 면적의 3분의 1 이하의 범위

이렇게 지정할 수 있도록 했다. 그러나 복합용도지구는 디지털 전환과 코로나 팬데믹으로 인한 도시의 변화를 담기 어려운 면이 있다. 업무와 여가, 주거가 복합화되는 오늘날의 라이프 스타일을 담기에는 한계가 있다는 것이다. 현재 복합용도지구는 일반주거 지역, 일반공업 지역, 계획관리 지역에 한정적으로 지정할 수 있다. 상업시설이 고착화되어 개발이 어려운 서울시의 구도심에는 적용할 수 없는 제도인 것이다. 보다 광범위하고 획기적인 제도의 변화가 필요하고, 이런 의미에서 '2040 서울도시기본계획'에 담겨진 용도지역제의 획기적인 개편안은 눈에 띄는 제도로 보여진다.

◇ 새로운 패러다임, 비욘드 조닝

디지털 전환과 코로나 팬데믹은 주거지 중심의 생활권 개념을 공고히 했다. 비대면 원격근무인 리모트 워크(Remote Work)가 활성화되고,

온라인 쇼핑의 활성화로 도심 내 대형 상업시설, 오피스의 수요가 줄어들고 있다. 1인가구의 증가로 도심 내 거주를 희망하는 젊은 인구도 늘어나고 있다. 이런 시기에 도시를 주거, 상업, 공업, 녹지 등으로 단순 구분한 용도지역제는 변화가 요구된다. 서울시에서는 새로운 도시계획 패러다임인 비욘드 조닝(Beyond Zoning) 제도를 도입하기로 했다.

비욘드 조닝은 용도 도입에 자율성을 부여하고 복합적인 기능 배치를 가능하게 하는 새로운 도시계획 체계다. 주거·업무·상업 등 기능의 구분을 없애 미래 융복합 시대에 적합하게 하는 새로운 용도지역 체계다. 최근 산업과 인구구조의 변화가 가파르다. 3D 프린팅 등 기술의 진화로 환경오염 없는 소규모 공장이 시내로 진입하고 있다. 산업의 융복합화가 급속히 진행되어 제조와 유통의 구분도 사라지고 있다. 전체 가구의 32%가 1인가구이며 이들 중 40%가 수도권에 몰려 있다고 한다.

비욘드 조닝 제도의 도입은 야간의 도심공동화를 일으켰던 구도심의 상업 지역에 공업시설이나 주거시설이 들어올 수 있음을 뜻한다. 이렇게 된다면 구도심의 활성화에 크게 기여할 수 있을 것이다. 생활권의 강화도 가능해진다. 도보 30분 범위 내에서 주거와 일자리, 여가를 모두 누릴 수 있는 거주 중심의 라이프스타일을 담는 공간이 될 것이다.

우리나라는 지난 50년간의 급속한 도시화로 인해 환경오염, 주택부족, 교통혼잡 등을 비롯해 양극화, 불평등의 도시문제를 안고 있다. 디지털 전환과 코로나 팬데믹으로 우리 사회는 혁명적인 변화에 직면해 있다. 그러나 도시 분야는 이런 변화에 가장 둔감하다. 시대의 변화를 담지 못하고 있다. 그렇다고 무작정 바꿀 수는 없다. 관련 법을 개정해야 하는 문제가 있다. 정부와 지자체, 학계와 전문가들이 공론화를 통해 가장 합리적인 방안을 도출해야 할 것이다.

6

스마트 시티의 조건,
스마트 모빌리티

최근 우리 생활 속에 익숙하게 다가오고 있는 용어 중 하나가 모빌리티(Mobility)이다. 모빌리티는 기존의 '탈것', '이동수단'이라는 단순한 개념에서, '사람들을 목적지까지 빠르고 편리하며 안전하게 이동하게 하는 기술, 이동수단과 서비스'로 표현된다. 단순한 이동수단에 그치지 않고, 사람과 사람을 연결하고 사람과 물류를 연결하는 서비스로 개념이 확장되고 있다.

⬡ 스마트 모빌리티

미래 모빌리티는 현재의 내연기관에서 벗어나 친환경원료를 이용한 차량, 자율주행 기술을 이용한 차량, 하늘을 날아다니는 도심항공교통, 정보통신기술(ICT)과 융합된 이동 서비스 등 진화를 계속하고 있다. 새로운 모빌리티는 스마트 시티에서 빛을 발한다. 최근 디지털 전환과 함께 ICT를 이용한 스마트 모빌리티(Smart Mobility)의 등장이 스마트 시티로 변신을 시도하고 있는 도시에 새로운 바람을 불어넣고 있다.

스마트 모빌리티는 빅 데이터, 사물인터넷, 인공지능 등 첨단 ICT 기술을 기반으로 이용자와 운영자의 선호도를 분석해 맞춤화된 교통 서비스를 제공하는 스마트 체계를 말한다. 다양한 교통 데이터와 ICT 기술을 접목해 교통 체계를 분석하고, 수요를 관리하며, 신호를 제어하고, 교통안전을 확보하는 등 제반 과정을 통해 교통 혼잡을 감소시키고, 운영체계를 효율화함으로써, 새롭게 등장하는 스마트한 모빌리티와 이들 모빌리티를 도시에 수용하기 위한 기술 및 서비스를 총괄하는 개념이다.

⬡ 모빌리티 진화방향, 탄소중립·공유교통·자율차량

스마트 모빌리티의 진화방향은 새로운 모빌리티의 등장과 다양화가 가장 중요하다. 이 밖에 공유교통, 사람과 모빌리티, 모빌리티와 서비스 간의 연결성 강화도 중요한 요소이다. 무엇보다 탄소 발생을 억제하는 새로운 형태의 모빌리티를 통해 탄소중립을 실현하는 방향도 매우 중요한 모빌리티의 진화방향이다.

2020년 국가 온실가스 인벤토리에 의하면, 우리나라 수송부문의 온실가스 배출량은 9,800톤으로 온실가스 전체 배출량의 약 13%를 차지했다고 한다. 에너지산업 2억 8,760톤, 제조 및 건설업 1억 8,660톤에 이어 세 번째로 많은 탄소 배출이 발생한 것이다. 수송부문은 국민의 일상생활과 밀접한 연관이 있을 뿐 아니라, 국가의 경제에 미치는 영향도 매우 크다. 이러한 환경에 맞춰 운송 생태계의 장기적인 전환이 필요하다. 도로화물의 철도전환, 라스트 마일을 위한 새로운 물류 배송 모빌리티 도입, 전기차와 친환경차, 하이퍼루프, UAM, PM 등 새로운 모빌리티의 도입 등이 그것이다.

쏘카, 그린카 등으로 대표되는 차량 공유 서비스가 급속하게 성장하고 있다. 차량 공유 서비스가 필요한 것은 대부분의 차량이 하루 운행 시간인 1~2시간을 제외하면 주차장에서 잠자고 있기 때문이다. 공유 서비스는 차량운행 시간과 거리를 늘려 신차 수요를 증가시키고 주차장 수요를 감소시킨다. ICT 기술의 발달은 다양한 차량 공유 서비스를 가능하게 했다. 최근 공유 서비스는 다양하게 발전하고 있는데, 그 예를 보면, 일반적인 렌터카처럼 영업소가 아닌 모바일을 통해 차량을 대여하는 카 셰어링(Car Sharing), 카카오택시와 같이 탑승자와 택시를 연결해주는 라이드 헤일링(Ride Hailing), 공유차량을 원하는 장소에 보내주는 카 헤일링(Car Hailing), 목적지가 유사한 차량 보유자를 연결해주는 라이드 셰어링(Ride Sharing) 등이 있다. 차량 공유 서비스는 이용자의 필요에 따라 다양한 교통수단을 단기간 사용 가능하며, 대중교통과 연계가 가능해 젊은 층을 중심으로 선호도가 높은 서비스이다.

자율주행차와 같은 혁신적인 모빌리티의 등장은 인류의 삶을 획기적으로 변화시키고 있다. 자율주행차는 운전자가 차량을 조작하지 않아도 도로의 상황을 파악해 스스로 주행하는 자동차이다. 자율주행이 가능하기 위해서는 자동차 간 거리를 유지해주는 기술, 후측방 경보시스템, 긴급제동 시스템 등 핵심기술이 구현되어야 한다. 자율주행차와 같은 미래 모빌리티는 내연기관차에 필요한 부품과 운전 관련 부품이 사라지므로 공간 활용도가 높다. 따라서 실내 공간 인테리어가 달라질 것이다. 운전자가 아닌 승객으로 모빌리티를 이용하므로 모빌리티 내에서 주변 환경을 보거나 영화감상, 쇼핑 등도 가능하다.

◇ 새롭게 등장하는 스마트한 모빌리티들

브라질 엠브라에르사가 만든 플라잉카

모빌리티의 영역이 하늘로까지 확장하고 있다.

출처 : Embraer

스마트 모빌리티라는 패러다임과 함께 새롭게 등장할 교통수단과 이를 도시에 수용하기 위한 기술과 서비스 등에 대한 논의도 진행되어야 한다. 떠오르는 교통수단으로 새롭게 등장한 스마트 모빌리티는 도심형 항공 모빌리티(UAM), 하이퍼루프(Hyperloop), 개인용 이동수단(PM)등 매우 다양하다.

도심형 항공 모빌리티는 수직이착륙이 가능한 이동수단으로서, 하늘을 새로운 이동 통로로 이용할 수 있어 혼잡한 육상교통 대신 도심에서의 이동효율성을 극대화한 새로운 모빌리티이다. 장거리를 단시간에 이동할 수 있고, 기존 교통과의 연계가 가능할 뿐 아니라 전기를 동력으로 활용해 탄소 배출과 소음이 대폭 저감된 친환경적 미래 교통수단이다.

개인용 이동수단인 PM도 미래 이동수단으로 급부상하고 있다. PM은 전동킥보드와 같이 개인이 특별한 운전기술 없이 손쉽게 이용할 수 있는 모빌리티이다. 생활권 개념이 강화되면서 새로운 형태의 PM이 지속적으로 발전하고 있다. 휠체어의 문제점을 개선하다 발명된 세그웨이는(Segway) 무게균형을 잡으며 전기로 움직이는 무공해 이동수단이다. 전동 외발자전거와 같이 탈 수 있고 이동 및 보관이 용이한 솔로 휠(Solowheel), 아이언맨처럼 착용해 하늘을 날 수 있는 제트팩(Jet Pack) 등이 있다.

또, 하이퍼루프는 '극초음속(Hypersonic speed)'과 '루프(Loop)'의 합성어로, 진공 상태의 튜브 속을 시속 1,280km로 이동하는 초고속 캡슐

메타버스 시티

차량이다. 서울과 부산을 16분 만에 주파가능하다. 자가 발전 시스템을 장착해 운행에 쓰이는 에너지를 100% 태양광 발전으로 생산하는 친환경 교통수단이기도 하다. 이미 세계적 수준의 하이퍼루프 기술력을 보유한 한국철도 기술연구원은 향후 10년 내 30인승 초고속 열차 상용화가 목표라고 발표했다.

할트(Hardt)사의 하이퍼루프

하이퍼루프는 진공튜브형 고속열차이다. 시속 1,280km로 서울과 부산을 16분 만에 주파할 수 있다.

출처 : Hardt Hyperloop

◇ 서비스형 모빌리티의 진화

이렇게 다양한 미래 교통수단과 서비스가 등장하면서 이용자의 요구사항도 많아지고 있다. MaaS(Mobility as a Service)는 다양한 요구에 대응하기 위해 도입된 서비스이다. MaaS는 개인이 소유한 교통수단을 포함해 해당 지역에서 운행되는 모든 교통수단을 하나로 묶어 이동의 편의성과 효율성을 제공하는 서비스이다. 각 교통수단 간 원활한 연계를 통해 최초 출발지부터 최종 도착지까지 끊김 없는 최적의 서비스를 제공하고 결제가 가능하다. 최근에는 BMaaS(Business Mobility as a Service)로 서비스 영역을 확대하고 있다. 이동수단의 서비스 제공은 물론, 식당, 숙박시설 예약 등 이동과정에서의 여러 서비스를 통합해 처리하는 종합 서비스이다.

◇ 스마트 모빌리티와 도시 공간

모빌리티 기술의 혁신은 도시환경 변화와 상관관계를 가지고 있다. 새로운 모빌리티는 기존에 없던 도시 인프라를 요구한다. 하이퍼루프는 수백 킬로미터의 진공 혹은 공기를 뺀 튜브를 설치해야 한다. 자율주행모빌리티의 운영을 위해서는 인간의 인지능력에 맞춰 구축된 도로나 교통인프라를 자율주행을 위해 표준화된 시설물로 바꿔야 한다. UAM은 이착륙을 위한 인프라 구축이, PM은 주차를 위한 공간이 필요하다. 특히 하이퍼루프와 UAM은 사람과 함께 물류의 수송수단으로서의 기능이 강화되므로 이에 대한 연계도 검토할 필요가 있다.

새로운 모빌리티는 도로의 사용면적을 줄이고, 모빌리티의 공유화는 주차장 활용율을 감소시킨다. 도로와 도심 내 주차장의 여유 공간은 녹

메타버스 시티

지 등 시민휴식 공간으로 활용할 수 있다. 화석연료의 감소 및 전기자동차, 수소차 등 친환경차량의 증가로 인해 기존의 주유소는 새로운 모빌리티의 충전소 등으로 전환이 가능하다.

모빌리티는 도시를 새롭게 하고 공간을 변화시킨다. 도심지의 지하에는 하이퍼루프, 광역철도 등 광역·고속교통을 위한 복합 역세권 환승센터가 설치될 것이다. 복합 환승센터에는 도심과 외곽 지역, 타 지역으로 연결할 수 있는 대중교통 승강장, 자율주행모빌리티 승강장, 공유차량 및 PM 이용시설이 설치되고, 그 옥상에는 UAM 승하차장이 만들어질 것이다. 도시 내 모든 시설은 지능화되어 새로운 모빌리티와 실시간으로 정보를 주고받게 된다. 모바일 기기를 소지한 사람들도 이들과 연결되어 도시에서의 편안한 이동이 실현된다. 이렇게 도시 전체가 연결되는 교통 플랫폼이 구축되어 모빌리티와 물류의 이동을 한눈에 볼 수 있으며 통제되는 통합교통 서비스의 완성은 진정한 스마트 시티로 실현될 것이다.

7

메타버스가 그리는,
스마트 시티

인류는 도시에 살면서 집적의 이익을 누려왔다. 생활편의시설, 교통과 행정, 의료와 복지, 공공행정 등이 도시에 집적되어 있어 도시민들은 투입한 것보다 훨씬 더 많은 혜택을 누려왔다. 과학기술의 발전은 도시로의 인구집중을 가속화했고, 도시는 주변 지역을 기능적으로 통합해 대도시권을 형성하며 더욱 성장해왔다. 세계화의 진전으로 국가 간의 경쟁보다 대도시권 간의 경쟁이 더욱 중요시되고 있으며, 많은 국가들이 대도시권을 국가의 성장과 경제의 중심축으로 발전시키려는 정책을 추진 중이기도 하다.

대도시로의 인구집중과 대도시 간의 경쟁은 긍정적인 면과 함께 많은 문제점을 가지고 있음도 부인할 수 없다. 대도시권의 인구과잉으로 인한 에너지 고갈, 기반시설의 부족과 노후화, 환경파괴와 기후변화, 그리고, 경제적 불균형이라는 다양한 문제점을 지니고 있다.

◇ 현대 도시문제, 스마트 시티가 답이다

이러한 도시문제는 도시의 발전을 지연시키고 지속가능성을 저해하는 요인이다. 그 해결책으로 이제까지 해왔던 것처럼 증가하는 인구에 맞춰 기반시설을 한없이 늘리는 것만으로는 한계가 있다. 세계 각국은 급속한 도시화에 따르는 문제에 대응하고, 지속가능한 도시를 만들기 위한 새로운 모델로 스마트 시티를 추진하고 있다.

스마트 시티는 소수의 컨트럴 타워에 의해 도시가 운영되는 기존의 도시 시스템과는 달리 '사물인터넷, 인공지능, 빅 데이터 등 다양한 혁신기술이 도시의 인프라와 결합해 데이터 기반 플랫폼으로 도시를 운영함으로써 다양한 문제를 해결하는 도시'를 뜻한다.

도시의 역사와 여건에 따라 다르겠지만 스마트 시티가 첨단 기술을 활용하고 시민들을 상호 연결하고 참여하게 만드는 것은 동일하다. 공공과 민간, 시민이 소통하고, 혁신적인 미래 기술이 더해질 때 지속가능한 스마트 시티가 이루어질 수 있다.

스마트 시티는 첨단 기술과 도시 인프라를 결합해 만든 플랫폼이다. 장치에 부착된 센서를 통해 수집된 데이터를 도시의 시설물과 연결하고 공유해 운영의 예측가능성을 높임으로써 시민의 삶의 질을 향상하고, 이동의 편의성을 증대하며, 에너지의 효율성 향상을 도모해, 지속가능한 도시의 구현을 가능하게 할 뿐 아니라 새로운 기술로 인한 신산업 육성을 실현시키는 도시 플랫폼이다.

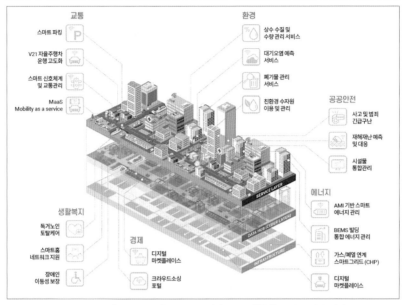

스마트 시티 개념도

설계 단계부터 인공지능, 자율주행차 등 첨단 기술과 메타버스를 활용한 스마트 시티 개념도

출처 : 국토교통부

◈ 스마트 시티의 구성요소

스마트 시티의 구성요소는 크게 인프라와 데이터, 서비스로 구분된다. 인프라는 다시 도시 인프라, ICT 인프라, 공간정보 인프라로 나뉜다. 데이터는 사물인터넷과 데이터공유로 구분되고, 서비스는 알고리즘&서비스, 도시혁신으로 구분된다.

도시 인프라는 스마트 시티의 구축을 위한 물리적, 기술적 요소로서 이들 기술과 서비스를 적용할 수 있는 도시 하드웨어를 말한다. ICT 인프라는 도시 전체를 연결할 수 있는 유무선 통신 인프라를 말하는데, 특히 연결의 중요한 포인트는 사물과 사물 간의 연결이다. 공간 정보 인프라는 3D지도, GPS나 GIS 등 측정 인프라, 인공위성 등인데, 최근 공간 정보 인프라는 현실 공간과 사이버 공간의 융합을 위한 핵심 플랫폼으로서 중요시되고 있다.

데이터 부문은 사물인터넷 기술이 핵심요소인데, 이는 새로운 도시 서비스를 개발하고 운영하는 데 필요한 데이터의 생산과 공유에 관한 영역이다. CCTV를 비롯한 각종 센서를 통해 정보를 수집하고 도시 내 각종 인프라와 사물을 네트워크로 연결하는 것이다. 이 밖에도 생산된 데이터의 공유가 얼마나 잘되느냐에 따라 스마트 시티의 성공 여부가 결정된다 하겠다.

마지막 서비스 부문은 실제 도시 서비스를 제공하는 영역으로 데이터를 활용하기 위해 데이터를 처리·분석하는 알고리즘을 통한 도시 서비스가 필요하다. 이는 실제 활용이 가능할 정도의 높은 품질과 신뢰성을 확보하는 것이 중요하다. 또, 도시문제 해결을 위한 아이디어나 새로운 서비스가 운영되도록 제도를 정비하고 사회적인 환경을 조성하는 것도 매우 중요한 요소이다.

◇ 스마트 기술을 활용한 스마트 시티의 모습

스마트 기술을 활용한 스마트 시티는 어떤 모습일까? 스마트 교통 (Smart Traffic)을 통해 이동의 편의성을 도모할 수 있고, 시간과 비용절감도 가능하다. 스마트 교통은 교통수단과 인프라, 사람이 상호 연결되고 공유되는 시스템이다. 모든 대중교통수단을 하나의 플랫폼으로 연결해 실시간 최적 환승을 가능하게 해준다.

대중교통 이용량에 따른 배차시간 조정으로 낭비요소를 줄여준다. 인공지능을 활용한 신호체계 조정으로 도시 내 교통 혼잡을 최소화한다. 자동차와 인프라가 실시간으로 정보를 주고받으며 도로상황에 따른 주행경로를 알려준다. 더불어, 스마트 교통을 통해 미래형 이동수단에 대한 테스트도 가능하다.

스마트 교통체계 시스템

스마트 시티의 성공 여부는 스마트 교통수단과 인프라, 사람이 연결되고 공유되는 미래 모빌리티에 달려 있다고 해도 과언이 아니다.

출처 : LG CNS

메타버스 시티

스마트 시티는 스마트 그리드(Smart Grid)를 통해 에너지 효율화를 기할 수 있다. 스마트 그리드는 전력망에 ICT 기술을 접목시켜 전기 공급자와 소비자 간의 실시간 정보교환을 가능하게 함으로써, 에너지를 효율적으로 이용할 수 있게 하는 차세대 전력망이다. 잉여전기 생산으로 버려지는 전기를 최소화하고 스마트 그리드 전력망을 통해 어느 구역 시간대의 전력사용량을 파악해 전력의 생산과 공급을 효율적으로 관리하게 해준다.

스마트 그리드는 전기 ICT 기술을 활용해서 전력망을 지능화·고도화함으로써 고품질의 전력 서비스를 제공하고, 에너지 이용효율을 극대화하는 전력망이다.   출처 : 한국스마트그리드 사업단

스마트 시티는 CCTV의 복합적인 기능을 통해 범죄 발생률을 줄일 수 있다. 지능형 CCTV는 범죄를 포착 시 시스템에서 알람을 발생시켜 경찰이 출동할 수 있게 한다. 인공지능을 활용해 용의자의 인상착의, 이동경로, 차량번호 등의 범죄 정보를 빠르게 인식해 용의자 검거를 도

와주는 등 범죄 발생률을 감소시킨다.

도시에서 발생하는 각종 재난의 사전예방이 가능하다. 최근 싱크홀로 인한 피해의 발생이 잦다. 싱크홀의 발생원인은 상하수도관의 부식 등으로 인한 누수와 지반침하로 발생한다. 상하수도관에 설치된 IoT 센서와 지질정보는 상하수도 교체주기를 알려주고, 누수발생 시 알람을 주어 싱크홀로 인한 사고를 사전 예방할 수 있게 해준다.

그 밖에도 노약자의 일상생활을 보조하고 건강관리를 지원하는 헬스케어 기반의 고령 친화적 스마트홈 시스템이나, 블록체인 기술을 사물인터넷과 전자지갑 등에 적용해 페이퍼리스 사회를 구현하는 등 스마트 시티의 영역은 무궁무진하다.

◇ 스마트 시티를 만드는 메타버스 기술, 디지털 트윈

성공적인 스마트 시티를 구축하기 위해서는 전용플랫폼 구축, 디지털 트윈 기술을 통한 가상 도시, 디지털 격차 해소 등이 필요하다. 스마트 시티에는 사물과 사물 간의 연결로 인해 발생하는 데이터를 서비스로 전환하기 위한 데이터 제공 전용 플랫폼이 필요하다. 많은 데이터를 분석할 전문가의 양성도 필요하다. 디지털 트윈 기술은 스마트 시티를 만드는 가장 유익한 기술이다. 디지털 트윈은 디지털 가상 세계에 현실 도시의 쌍둥이를 만들고, 현실에서 발생할 수 있는 상황을 가상 세계에서 시뮬레이션 함으로써 결과를 미리 예측하는 기술이다.

디지털 트윈 기술을 활용해 현실 도시를 컴퓨터에 가상의 쌍둥이로 만들어 놓고 현실에서 발생할 수 있는 상황을 모의실험 함으로써 결과를 미리 예측하고 최적의 해결방법을 도출해 현실 도시에 적용해 지속 가능한 도시를 만들게 된다. 디지털 트윈은 스마트 시티의 핵심 플랫폼이다. 도시의 계획단계에서도 매우 유용하게 활용된다. 뿐만 아니라 운영단계와 개선단계에서도 매우 큰 역할을 한다. 도시계획단계에서는 현실 도시를 가상 도시에 3D로 옮기기 위해서는 디지털 공간 정보의 구축이 필요하다.

도시의 운영에 있어서는 도시의 주거, 환경, 교통, 안전, 에너지와 환경문제 등 주요문제를 해결하는데, 현실 세계의 문제를 디지털 가상 세계에서 시뮬레이션을 함으로써 현실 세계의 의사결정에 큰 도움을 준다. 가뭄과 홍수, 화재 등 자연재해나 각종 사고에도 예측시스템을 통해 실시간 대응이 가능해 효과적으로 대처할 수 있다. 도시문제는 다양한 분야가 복잡하게 상호작용해 발생되기 때문에 특정분야에 대한 접근으로 해결되기 어렵다. 디지털 트윈 기술을 통해 연관된 모든 문제를 해결할 수 있을 것이다.

⬡ 메타버스에 그려가는 스마트 시티

미래 핵심 플랫폼으로 사회 전반에 걸쳐 이슈가 되고 있는 메타버스는 디지털 트윈과 함께 스마트 시티 건설에도 활용된다. VR·AR·XR 등 메타버스 기술을 활용해 미래형 도시를 기획하고, 가상 공간과 실제 도시를 융합한 형태로 도시를 설계하는 데 활용되고 있다.

최근 현실 세계에서의 삶이 메타버스 세계에서도 이루어지고 있다. 비대면의 일상화로 가상 사무실에서의 근무는 물론, 비대면 입학식과 졸업식, 전시회와 쇼핑 등 현실 세계에서의 일상 활동들이 메타버스 세계로 옮겨진 것이다. 지방자치단체에서는 메타버스 관광 도시를 만들어 도시를 소개하기도 하고, 기업들은 제품의 홍보 및 판매용으로 활용하기도 한다. 그런데 지금의 메타버스 공간은 실제와는 비교하지 못할 정도로 조잡하다. 메타버스 공간을 현실 도시와 유사하게 구성한다면 더욱더 실감나는 디지털 세상이 될 것이다. 공간 정보와 디지털 트윈은 메타버스 공간을 더욱 실감나게 꾸밀 수 있을 것이다. 도시 전체는 물론, 사무실 공간, 학교의 강당을 실제와 같이 재현한다면 메타버스 공간이 더욱 실감나게 실현될 것이다.

스마트 시티의 핵심은 연결이다. 사람과 인프라, 인프라와 첨단 기술, 첨단 기술과 시스템이 연결되어 지속가능한 스마트 시티를 만들 수 있다. 메타버스도 마찬가지이다. 현실 도시와 가상 도시와의 연결을 통해 우리의 삶을 가상의 디지털 도시로 확장할 수 있다. 공간 정보와 디지털 트윈은 메타버스 시티를 더욱 실감 있게 구현해줄 것이다. 그러면 우리는 많은 위험과 비용을 수반한 새로운 땅 화성이 아닌, 무궁무진한 메타버스의 세계에서 우리의 꿈을 펼칠 수 있을 것이다. 메타버스라는 거대한 캔버스에 그려갈 새로운 도시가 우리 앞에 와 있다.

스마트 시티의 핵심은 연결

스마트 시티는 사람과 인프라, 인프라와 첨단 기술, 첨단 기술과 시스템이 연결되어 구성된다.

출처 : 게티이미지뱅크

◈ 에필로그

나는 다섯 살 이전의 기억이 없다. 기억을 떠올리려 옛 사진을 들여다봐도 소용이 없었다. 사진 속에는 단풍 가득한 아름다운 마을과 과수원이 있고, 심지어 그 앞에 커다란 사과를 들고 서 있는 어린 나의 모습이 있었지만, 나는 그때의 기억을 떠올리지 못한다. 내 인생의 첫 기억은 삼일고가도로 위에서 마주했던 거대 도시 서울의 눈부신 불빛이었다. 덜컹거리는 버스에서 눈을 떴을 때 나의 시야를 가득 채웠던 괴물 같은 삼일빌딩. 그가 쏟아내던 도시의 거대한 불빛은 어린 나의 모든 기억을 지워버렸다.

내가 유년시절을 보냈던 정릉골은 사진 속의 시골마을과 별반 다르지 않았다. 수도가 공급되지 않아 물을 배급 받기도 했고, 좁은 골목과 가파른 계단들을 오를 때면, 깨진 연탄재가 가득 널려 있던 가난한 마을이었다. 작은 교실에 70명씩, 오전·오후반으로 나누어 수업을 듣던 시절이었지만 나쁜 기억은 없었다. 모든 것의 배경이 되었던 회색빛 하늘만 제외하면 말이다.

얼마 전 내가 살던 그 마을을 찾아가봤는데, 50년에 가까운 시간이 지났음에도 그때의 풍경 그대로였다. 눈부신 서울 발전의 시기를 어떻게 피해갔는지 놀라울 따름이었다. 1970년대의 압축성장, 중동 개발붐, 올림픽 특수와 주택 200만 호 건설이라는 많은 호황기를 모두 피해 예전의 모습을 간직하고 있었다. 바뀐 것이 있다면 마을의 배경이 산에서 고층의 건물로 대체된 것뿐이다. 나는 우연히 그곳에서 50년 전의 기억을 가지고 있는 할머니 한 분을 만났다. 길을 묻다 만나게 되었는데 공연히 길을 물었나 싶을 정도로 말씀을 많이 하셨다. 거의 한 시간 동안 가슴속의 이야기를 털어놓으신 후 기분 좋은 얼굴로 골목길 끝으로 사라지셨다. 소통을 꺼리는 도시의 사람들과는 너무나 다른 모습이었다.

도시에 사는 사람들은 주변 사람들과의 소통을 꺼려한다. 성냥갑 같은 아파트에 살면서도 옆집에 누가 사는지 무감각하다. 가끔 얼굴을 마주친다 해도 무표정으로 지나치기 일쑤다. 우편물을 통해 개인정보라도 노출될까 노심초사한다. 그런데, 그렇게 폐쇄적이던 사람들이 마음을 열어놓는 공간이 있다. 바로 SNS다. 불특정 다수의 많은 사람이 보는 곳인데도 자신의 일상을 아무런 거리낌 없이 털어놓는다. 이름도 얼굴도 모르는 익명의 사람들에게 직장상사는 물론이거니와 배우자에 대한 험담도 거침없이 늘어놓는다. 대면에 대한 부담감이 없어서일까? SNS가 현대인의 소통의 창구임은 분명하다.

SNS 활성화의 일등공신은 물론 스마트폰이다. 그런데 스마트폰보다 더 강력한 기술이 등장했다. 바로 메타버스이다. 메타버스는 정보, 소통, 경험을 확대해주는 새로운 무대이며, 스마트폰보다 발전한 소통의 창구이다. 현실 세계와 가상 세계를 양방향으로 연동하며 우리의 삶을 더욱 확장시켜주는 시스템이다. 학생들의 게임 정도로 치부하던 메타버스에 대한 어른들의 인식이 바뀌고 있고, 그 범위도 산업 전반으로 영역을 확대해가고 있다. 언제나 그랬듯이 기업들이 가장 먼저 움직인다. 메타버스를 통해 상품을 체험하게 하고 판매로 연결시키기도 한다. 메타버스 사무실에서 일하고 회의도 할 뿐 아니라, 신입사원의 공고, 채용면접, 선발과 입사 후 교육까지 하고 있다. 다음으로 정부나 지방자치단체도 변하는 중이다. 메타버스 공간을 만들어 정책을 소개하기도 하고, 관광이나 홍보에 활용하거나 토론의 장소로도 쓰고 있다.

나는 이 책에서 도시화로 인해 발생하는 각종 문제를 나열했고, 해결 방안도 제시했다. 도시화로 인해 발생하는 문제점은 주거, 교통 혼잡, 기반시설의 노후화, 대기오염뿐만 아니라, 지역불균형, 양극화, 젠트리피케이션, 도시적 소외 등 매우 다양하다. 또, 이런 문제를 해결하기 위해 최근에 대두되고 있는 다양한 도시계획 기법도 소개했는데, 콤팩트 시티, 메가 시티, 생태 도시, 지하 도시 등이 그것이다.

세계적인 도시경제학자 리처드 플로리다(Richard Florida)는 "경제 성장의 진정한 원천은 재능 있고 생산적인 사람들의 결집과 집중에서 나온다. 도시와 지역 안에 사람들이 몰려 있을 때 새로운 아이디어가 나

오고 생산성이 향상된다"라고 했다.

또, 《도시의 승리》를 저술한 하버드대 교수 에드워드 글레이저(Edward Glaeser)는 "도시의 인접성, 친밀성, 혼잡성은 인재와 기술, 아이디어와 같은 인적자원을 한곳에 끌어들임으로써 혁신의 중심지로 부상한다"며, "세계는 평평하지만 도시는 더 뾰쪽해져야 한다. 교외로의 이주가 더 심각한 환경파괴를 일으킬 수 있다"라고도 했다.

대도시를 만들고 밀집함으로써 많은 이익을 향유해온 인류에게 코로나 팬데믹의 장기화는 대도시의 가장 큰 매력인 밀접과 밀집으로 인한 장소적 매력도에 보내는 공개적인 위험신호이다.

미국 〈뉴욕타임스〉의 유명 칼럼니스트 토머스 프리드먼(Thomas Friedman)은 "세계는 더 평평해졌고 동시에 다양한 팬데믹에 더욱 취약해졌다"라고 했다. 이로 인해 9·11테러라는 지정학적 팬데믹, 글로벌 금융위기라는 금융 팬데믹, 그리고, 코로나 19라는 생물학적 팬데믹이 찾아왔다. 그는 다음으로 인류를 위협할 팬데믹은 기후변화라는 생태학적 팬데믹일 것이라 경고했다. 토머스 프리드먼은 코로나 팬데믹으로 5년이 소요될 디지털화가 1년으로 단축되었다고 평가했다. 그는 오늘날의 시대정신을 급속한 디지털화에 따른 혁명적 디지털 혁신으로 인한 '거대한 창의적 파괴의 시대'가 될 것이라고 주장하기도 했다.

이제 디지털과 함께 메타버스가 우리 앞에 와 있다. 1992년과 2003

년에 잠깐씩 찾아왔다 몰락해버렸던 메타버스와는 차원이 다르다. 새로운 메타버스 열풍으로 인해 산업 전반이 요동치고 있다. 우리가 지금 메타버스를 준비하는 것은 프리드먼이 예측했던 생태학적 팬데믹, 즉 기후변화가 촉발할 위기에 대한 준비의 성격도 있다. 메타버스가 기후변화로 인해 발생할 위기에서 인류를 구할 방안이 될 수 있다는 의미이다.

최근의 다양한 도시문제, 즉 주거문제와 교통 혼잡, 기반시설의 노후화, 대기오염 등은 스마트 시티를 조성함으로써 해소할 수 있다. 디지털 트윈 기술을 활용해 물리적인 인프라를 최적화함으로써 교통과 환경 등의 문제를 해결할 수 있고, 행정업무를 최적화해 지역불균형, 양극화, 젠트리피케이션, 도시적 소외 등의 도시문제도 해결할 수 있다. 스마트 시티야말로 첨단 기술을 이용해 도시에서 발생되는 다양한 문제와 비효율 등을 해결해 편리하고 쾌적한 삶을 누릴 수 있도록 하는 '똑똑한 도시'이며 우리가 궁극적으로 이루어야 할 '도시 모델'이다. 그리고 스마트 시티를 가능하게 하는 기술이 메타버스와 디지털 트윈이다.

이제 우리는 메타버스란 캔버스 위에 우리가 꿈꾸는 도시를 설계해야 한다. 메타버스의 세계에는 도시도, 농촌도 없다. 시공을 초월한 또다른 세상이다. 우리는 디지털 트윈을 통해 현실 세계를 더욱 아름답게 꾸밀 수 있고, 메타버스를 통해 새로운 가상 세계로 삶의 영역을 확대할 수도 있다. 지금 우리가 메타버스 캔버스 위에 그리는 도시는 우리 세대가 행복하고, 미래 세대가 마음껏 꿈을 펼칠 지속가능한 도시, 회색빛 하늘이 걷힌 언제나 청명하고 푸른 포용의 도시이다.

이 책을 출간하는 데 마음으로 지원해준 사랑하는
아내 김수희와 두 아들 명보와 준보, 그리고 김태성
선배에게 고마움을 전합니다.

무엇보다, 오랜 시간 함께하며 나의 삶에 너무나 많은
가르침을 주셨던 고(故) 정상영 명예회장님께 깊은
감사의 인사를 올립니다.

참고문헌

서적

《2050 거주불능지구》, 데이비드 월러스 웰즈, 추수밭, 2020

《NIC 미래예측보고서》, 미국국가정보위원회, 예문, 2017

《내일의 도시를 생각해》, 최성용, 북트리거, 2021

《도시계획 용어집》, 서울특별시, 2021

《도시는 왜 불평등한가》, 리처드 플로리다, 매일경제신문사, 2018

《도시의 보이지 않는 99%》, 로먼 마스·커트 콜스테트, 어크로스, 2021

《도시의 승리》, 에드워드 글레이저, 해냄, 2021

《메타버스 새로운 기회》, 김상균·신병호, 베가북스, 2021

《메타버스의 시대》, 이시한, 다산북스, 2021

《물류와 SCM의 이해》, 양창호, 박영사, 2016

《빅데이터로 일하는 기술》, 장동인, 한빛미디어, 2015

《서울도시계획이야기》, 손정목, 한울, 2003

《세계미래보고서 2055》, 박영숙·제롬 글렌, 비즈니스북스, 2017

《새로운 미래가 온다》, 다니엘 핑크, 한국경제신문, 2010

《세상을 바꿀 테크놀로지 100》, 닛케이 BP사 편저, 나무생각, 2017

《스마트팩토리》, 정동곤, 한울아카데미, 2017

《알기 쉬운 도시이야기》, 경실련 도시개혁센터엮음, 한울, 2019

《오픈데이토피아》, 이영호·문성기, 북오션, 2017

《인구 미래 공존》, 조영태, 북스톤, 2021

《제4차 산업혁명》, 클라우스 슈밥, 새로운 현재, 2016

《진화의 도시》, 김천권, 푸른길, 2021

《코로나 이후의 세계》, 제이슨 솅커, 미디어숲, 2020

《포스트 코로나 시대 부동산&도시계획》, 신재욱, 주택문화사, 2021

《포스트 코로나 도시가 바뀐다》, 대한국토·도시계획학회, 기문당, 2021

《플랫폼의 눈으로 세상을 보라》, 김기찬·송창석·임일, 성안북스, 2016

논문·기타

〈국내 스마트 시티 서비스 적용 경향 분석〉, 한국콘텐츠학회논문지, v.19 no.2, 2019

〈국토균형발전을 위한 초광역 연계 발전방향〉, 국토연구원, 2020

〈도시의 회복 탄력성을 위한 소통적 시설의 재발견〉, 대한건축학회논문집, v.37 no.3, 2021

〈도시재생에 의한 젠트리피케이션 실증분석〉, 오영순, 광운대학교 박사학위논문, 2018

〈동반성장과 호혜를 고려한 ESG 투자동향 및 시사점〉, 문화기술의 융합, v.7 no.1, 2021

〈디지털 트윈 구현을 위한 3차원 공간정보 구축사례 연구〉, 한국지리정보학회지, v.23 no.3, 2020

〈메타버스 해석과 합리적 개념화〉, 정보화 정책, v.28 no.3, 2021

〈미래 사업의 디지털 전환〉, KEPCO Journal on electric power and energy, v.6 no.1, 2020

〈스마트 시티 기반의 메타버스를 통한 도시문제해결 방안에 관한 연구〉,

Journal of the Chosun Natural Science, v.14 no.1, pp. 21~26, 2021

〈스프롤 측정 방법론 연구 : 밀도-공간구조 기반 접근〉, 임수진, 경북대학교 박사학위논문, 2017

〈우리나라 광역도시권의 스프롤 연구〉, 류나영, 서울대학교 박사논문, 2020

〈유연한 스마트 축소 도시를 위한 국내·외 도시전략 비교 연구〉, Journal of the Korea Academia-Industrial cooperation Society, v.20 no.8, 2019

〈자율주행 기반 스마트 모빌리티〉, Broadcasting and media magazine, v.24 no.1 , 2019

〈장래인구추계 : 2020~2070년〉, 통계청, 2021

〈장래인구특별추계 : 시·도편, 2017~2047년〉, 통계청, 2019

〈4차 산업혁명시대의 스마트시티 현황과 전망〉, 한국융합학회논문지, v.9 no.9, 2018

〈증강현실(AR) 기술개발 동향〉, 전자통신동향분석, v.32 no.2, 2017

〈지역산업 클러스터의 경쟁력 진단과 발전방안연구〉, 국토연구원, 2020

〈컴팩트-네트워크 도시의 실천방안과 추진과제〉, 국토연구원, 2018

〈컴팩트 시티 개념을 적용한 지역거점 형성에 관한 연구〉, 이창우, 한경대학교 대학원 박사학위논문, 2022

〈컴팩트 시티 개념을 통한 중소도시 구도심의 도시재생 전략 연구 : 군포 역세권 재정비촉진지구를 중심으로〉, 김승운, 한양대학교 대학원 박

사학위논문, 2012

〈프롭테크 비즈니스 가치창출 프레임워크〉, 지식경영연구, v.22 no.1, 2021

〈한국신학기술학회논문지〉, 제20권 제10호, 2019, pp187

〈한반도 100년 기후변화〉, 국립기상과학원, 2018

〈City Resilience vs. Resilient City : Terminological Intricacies and Concept Inaccuracies〉, Quaestiones Geographicae, v.37 no.2, pp.7~15, 2018

〈Last Miles Logistics Model based on Big Data Analytics〉, e-비즈니스 연구, v.20 no.4, 2019

〈Sustainable Transportation Decision-Making Process with the Implementation of a Raster-Based SDSS - A Texas Urban Triangle(TUT) Cas〉, KIBIM Magazine, v.7 no.2, 2017

메타버스 시티

초판 1쇄 2022년 5월 23일
초판 3쇄 2022년 6월 24일

지은이 심재국
펴낸이 서정희   **펴낸곳** 매경출판㈜
기획제작 ㈜두드림미디어
책임편집 우민정, 배성분   **디자인** 노경녀 n1004n@hanmail.net
마케팅 김익겸, 장하라

매경출판㈜
등록 2003년 4월 24일(No. 2-3759)
주소 (04557) 서울특별시 중구 충무로 2(필동 1가) 매일경제 별관 2층 매경출판㈜
홈페이지 www.mkbook.co.kr
전화 02)333-3577
이메일 dodreamedia@naver.com(원고 투고 및 출판 관련 문의)
도서 내용 문의 02)554-6438
인쇄·제본 ㈜M-print 031)8071-0961
ISBN 979-11-6484-415-9(03320)